Jean Rouaud

Hadrians Villa in unserem Garten

JEAN ROUAUD

Hadrians Villa in unserem Garten

ROMAN

Aus dem Französischen
von Carina von Enzenberg
und Hartmut Zahn

PIPER
MÜNCHEN ZÜRICH

Die Originalausgabe erschien 1993 unter dem Titel
»Des hommes illustres«
bei Les Éditions de Minuit in Paris.

ISBN 3-492-03683-x

Gesetzt aus der Trump-Mediaeval
Gesamtherstellung: Clausen & Bosse, Leck
Printed in Germany

I

MITTEN AM NACHMITTAG war er auf das Wellblechdach des Schuppens gestiegen, in dem gewöhnlich die Wäsche zum Trocknen hängt, um die Äste des Pflaumenbaums zu stutzen, die sich während eines winterlichen Sturms in den Telefonleitungen verfangen hatten. Das war umsichtig. Ein neuerlicher Windstoß hätte alles fortreißen und uns vorübergehend von der Außenwelt abschneiden können. Nicht daß Random sich in einem entlegenen Tal fern der Zivilisation befunden hätte, doch gehörten wir dank unseres Telefons einer besonderen Kaste, ja der örtlichen Aristokratie an. Die Leute vom Land, die noch über kein eigenes Telefon verfügten und dem Fräulein vom Amt nur ungern den Namen ihres Gesprächspartners anvertrauten, hatten sich angewöhnt, statt auf der Post lieber bei uns zu telefonieren, wobei sie uns jedesmal durch Andeutungen zu verstehen gaben, daß wir die Gesprächsfetzen, die wir unter Umständen aufschnappen könnten, nicht verdrehen und womöglich weitersagen sollten. Also schlossen wir sorgfältig die Tür zum Arbeitszimmer und hielten uns die Ohren zu, damit bloß keine Ähnlichkeit mit dem Fräulein von der Post aufkam. Durch das Vertrauen der Leute, mochte es noch so schmeichelhaft sein, waren uns die Hände gebunden, und so wagten wir nicht, für die Telefonate etwas zu verlangen. Dennoch hielten wir an diesem Privileg fest.

In der schlechten Jahreszeit gab sich der vom Atlantik herüberwehende Wind nicht damit zufrieden, Telefonleitungen zu zerreißen, sondern schnitt uns zugleich auch von der Stromversorgung ab. Je nach Ausmaß des Schadens mußten wir kürzer oder länger warten, manchmal Stunden, bis der Strom wieder floß, so lange, wie es eben dauerte, ein Kabel zu flicken, einen Mast wieder aufzurichten oder einen Transformator zu reparieren. Wurde unser Haus abends plötzlich in Dunkelheit getaucht, vergewisserten wir uns zunächst, ob es nicht nur an unserem Stromzähler lag. Dazu brauchten wir bloß die Tür zum Laden einen Spaltbreit zu öffnen und einen Blick durch das große Schaufenster zu werfen, vor dem außen an der Hauswand auf Höhe des Dachs eine Straßenlaterne angebracht war, die aus dem Dunkel einen matten Lichtkegel herausschnitt. Betraf der Stromausfall die ganze Gegend, blickten wir in ein schwarzes Loch. Im Dorf, in dem sich undurchdringliche Finsternis breitgemacht hatte, zeichneten sich dann lediglich die wuchtigen Umrisse der den Platz einrahmenden hohen Häuser sowie, imposanter noch, die der Kirche ab. Der Anblick dieser Geisterstadt, die an London während des Blitzkriegs gemahnte, ließ einen unweigerlich erschauern. Wir erinnerten uns an Erzählungen von Bombenangriffen auf Nantes während des Zweiten Weltkriegs und daran, daß an die Bevölkerung der Befehl ergangen war, sämtliche Lichter zu löschen und sich totzustellen.

Von Zeit zu Zeit tauchte am oberen Ende des Platzes ein Auto auf und strahlte mit den Scheinwerfern die drei vom heftigen Wind gebeutelten italienischen Pappeln an, die wie grüne Fackeln im Dreieck die öffentliche Wasserpumpe umstanden, bevor es rasch die abschüssige Straße hinunterfuhr und für den Bruchteil einer Sekunde die auf den Giebel des *café-tabac* gemalte Saint-Raphaël-Flasche beleuchtete, um gleich darauf hinter der Kurve zu verschwinden und den Ort erneut in düstere Stille versinken zu lassen. Am tapfersten war der einsame Radfahrer, der, gegen den Wind, die Steigung erklomm, dabei den Kopf hin und her wiegte und im Slalom fuhr, während der schwache Lichtschein seiner Lampe vor ihm über die Straße strich und der Tintenschwärze einen hellen Fleck abtrotzte. Lange war die rote Rückleuchte zu sehen, wie sie sich die Anhöhe emporkämpfte, mal innehielt, sich leicht zur Seite neigte und gleich darauf im Schrittempo fortbewegte, weil der Radfahrer, die Hände auf den Lenker gestützt, den Drahtesel schob. Bei neueren Modellen war das Katzenauge auf dem hinteren

Schutzblech rechteckig, woran wir selbst in tiefster Dunkelheit die »Betuchten« ausmachen konnten, wobei dieser Begriff sich natürlich auf die hiesigen Umstände bezog, denn ein neues Fahrrad schafften sich nur Leute an, die sich nie ein Auto gekauft hätten, weil sie dafür zu alt waren, oder Frauen, von denen damals nur wenige das Wagnis einer Führerscheinprüfung auf sich nahmen, weil man sie allzusehr verspottet hätte.

Manchmal drang auch aus dem Fenster der alten Maryvonne, gleich über ihrem Lebensmittelladen, ein zaghafter Lichtschimmer nach draußen in die Nacht. Da sie die Angewohnheit hatte, beim Lesen einzuschlafen, und es ihrem ausgeprägten Sinn für Sparsamkeit zuwidergelaufen wäre, im Schlaf »Strom zu vergeuden«, war sie auf die Idee verfallen, sich mit ein paar Kerzenstummeln ein wenig Licht zu verschaffen, indem sie den Docht so zurechtstutzte, daß die Flamme nach der genau errechneten Zeitspanne, die sie erfahrungsgemäß bei der Lektüre durchhielt, von allein erlosch. So konnte sie, die Brille auf der Nase und den Kopf ins Kissen gekuschelt, getrost einschlafen, wobei ihr das Buch jedesmal aus den Händen glitt. Manchmal kam es, schenkte man ihren Worten Glauben, sogar vor, daß sie die Lektüre am frühen Morgen mitten in einem unterbrochenen Satz fortsetzte, als hätte ihr Schlaf nur so lange gedauert wie ein Augenzwinkern. Die Nachbarn waren zutiefst beunruhigt, denn im Geiste sahen sie, wie Maryvonne und sie selbst bei lebendigem Leib geröstet wurden und das ganze Viertel einem gewaltigen Autodafé zum Opfer fiel. Sie gaben sich alle Mühe, ihr diese Marotte auszureden: Sie setze ihr Leben aufs Spiel. Verderbe sich die Augen. Wozu sie dann überhaupt einen Stromzähler habe. Ihre Sparsamkeit grenze an Knauserei. Worauf die gewiefte Maryvonne schlagfertig konterte: »Und wer bezahlt mir die Stromrechnung?« Daß niemand sich erbot, dies zu tun, verlieh ihrem Argument zusätzliches Gewicht. Immerhin mußte man ihrer altertümlichen Beleuchtungsmethode zugute halten, daß sie äußerst billig war: Maryvonne oblag es, in der Kirche nach dem Rechten zu sehen, und man hatte sie im Verdacht, daß sie heimlich die auf den metallenen Spitzen der Leuchter zurückgebliebenen Kerzenstummel einsammelte, deren Dochte im flüssigen Wachs ertrunken waren.

Am Tag nach einem längeren Stromausfall spielte sie die Ahnungslose und blickte uns über den Rand ihrer Brillengläser hinweg an. Ach ja? Sie habe nichts bemerkt. Ein verschmitztes Lächeln à la Voltaire im Mundwinkel, entschädigte sie sich auf ihre Weise für die bissigen Bemerkungen der anderen. Und um dem »I« das Tüpfelchen aufzusetzen, verkündete sie: »Damals, in den guten alten Zeiten« – in denen sie bis zu einem gewissen Grad noch immer lebte –, »hatten wir solche Probleme nicht.«

Wir auch nicht. Wir hatten Petroleumlampen. Sobald wir uns vergewissert hatten, daß der ganze Ort vom selben Schicksal betroffen war, holten wir sie aus dem Wandschrank unter der Treppe, wobei wir allergrößte Vorsicht walten ließen, damit die zerbrechlichen Glasröhren nicht kippten und womöglich ein wenig Petroleum auf den Lampenfuß tropfte und mit seinem scharfen Geruch das Haus erfüllte. Maman hätte sie nach Gebrauch nie weggeräumt, ohne sie gründlich gereinigt und wieder in die von einem Gummiband gehaltenen Plastikhüllen gesteckt zu haben, in denen sie vor Staub geschützt waren. Von ihrer Sauberkeit hing schließlich ab, ob sie schön hell brannten.

Als die ersten Menschen sich das Feuer untertan machten, setzten sie gewiß auch keine ernsthaftere Miene auf. Wir eskortierten die Lampen gleichsam vom Gang in die Küche, wobei wir ein Streichholz nach dem anderen anrissen, um den Weg auszuleuchten, bis die Lampen, eine mitten auf dem Küchentisch, die andere neben dem Herd, endlich für spärliches Licht sorgten. Ihr sanfter Schein warf unsere Schatten vergrößert an die Wände und ließ uns eng miteinander verbunden sein, während draußen der Wind tobte. In friedvolles Halbdunkel gehüllt, drängten wir uns um den Tisch, außerstande, den Blick von dem glühenden Ring im gläsernen Schacht am oberen Ende des gewundenen Dochts abzuwenden, der in einem mit bläulicher Flüssigkeit gefüllten, wie eine plattgedrückte Zwiebel geformten Behältnis badete. Wir hielten die Hände an die Lichtquelle, als wollten wir uns wärmen, und während wir auf diese Weise mit dem Feuer spielten, erfanden wir schon bald unser eigenes kleines Theater, eine Art chinesisches Schattenspiel. In unseren Kinderzeitschriften wurde uns unter der Rubrik »Wie verbringe ich einen verregneten Donnerstag?« regelmäßig mit Hilfe von Zeichnungen vor Augen geführt, wie wir uns dabei anzustellen hatten. Doch wir mochten uns noch so sehr mühen und unsere Finger verrenken – ein Fortschritt wollte sich nicht abzeichnen. Die Ente sah einem Hund zum Verwechseln ähnlich, der Esel einem Kaninchen, der Elefant mußte sich mit einem schlaff herabhängenden Zeigefinger als Rüssel begnügen, und das Dromedar hatte viel zu viele Höcker. Und was den Indianerhäuptling anging, das einzige menschliche Wesen in unserer phantastischen Menagerie, so sah er mit seinem aus fünf gespreizten Fingern bestehenden Kopfschmuck wie ein Nadelkissen aus. Am Ende kehrten wir zu dem zurück, was uns am besten gelang: zum Vogel, bei dem man einfach nur die Daumen aneinanderzulegen und die Hände wie schlagende Flügel langsam auf- und abzubewegen brauchte. Ein undefinierbares Federvieh, doch konnten wir es immerhin mit den Fingern an die Wand zaubern, so wie andere eine Taube aus dem Ärmel ziehen.

Um die Helligkeit der Petroleumlampen zu regulieren, brauchte man nur neben dem Brenner an dem Kupferrädchen zu drehen, mit dem die Länge des Dochts eingestellt wurde. War dieser zu lang, so stieg von der Spitze der dunkelroten, spindelförmigen Flamme eine Rußschwade auf und hinterließ an der Zimmerdecke einen schwarzen Ring. Als die Elektrizitätswerke ihr Netz längst ausgebaut hatten und Stromausfälle nurmehr ferne Erinnerungen waren, trug die Küchendecke noch immer die Brandmale jener Abende bei Kerzenschein.

Der Schaden konnte jedoch weitaus schlimmere Formen annehmen. Eines Nachts überzog eine Lampe, die man zu löschen vergessen hatte, das Geschäft von oben bis unten mit einer gleichmäßigen Rußschicht, und am nächsten Morgen war der Raum von feinen schwarzen Partikeln erfüllt, die federleicht wie ein Schwarm kleiner Mücken am Rand eines Teichs umherschwebten und um so wilder durcheinanderwirbelten, je näher man der Lampe kam. Die Luft war nicht mehr zu atmen. Im Nu hatte man das Zeug in Nase und Kehle. Man brauchte die Tür nur einen Spalt zu öffnen, schon hatte man ein schwarzes Gesicht wie ein Schornsteinfeger. Maman mußte sich von Kopf bis Fuß verhüllen und wickelte sich obendrein in einen alten Mantel, erst dann wagte sie sich, von Stiefeln, Handschuhen und Kapuze geschützt, in die Aschenwolke hinein, um die verflixte Lampe herauszuholen, die sogar noch draußen auf dem Gehsteig lange vor sich hin schwelte. Als die Rußpartikel sich langsam herabsenkten und man, wie es so schön heißt, etwas klarer sah, gestand Maman uns mit hängenden Schultern, sie könne es nicht fassen, sie träume wohl. Leider nicht. Es bot sich ein trauriger Anblick: ein Bild wie nach der Zündung einer Atombombe, vergleichbar mit dem, was Zukunftsforscher uns für den Fall voraussagen, daß die von einer Kernexplosion entfachten Brände die Erde mit einem gräulichen Belag überziehen. Wir hatten soeben unsere Erfahrung mit der Petroleumbombe gemacht, zwar von geringerer Tragweite, doch genauso wirksam. Die Regale mit den Keramikschüsseln in leuchtenden Farben, Orange, Grün oder Zitronengelb, und den Stapeln weißen Porzellans, von dem einige Stücke je nach Modell mit einem feinen Goldrand eingefaßt waren, die Konsole mit den Gläsern aus fein geschliffenem Kristall und das Fach mit den Töpfen aus rotem Email – alles hatte einen Stich ins Anthrazitfarbene, als hätte man das gesamte Geschäft in ein Teerbad getaucht. Ein graues Einerlei, das wir mit unseren Schuhsohlen in die Welt hinaustrugen, denn trotz aller Vorsichtsmaßnahmen schleppten wir die Asche überallhin. Auch wenn wir hundertmal die Füße auf der Strohmatte abstreiften, zeichneten sich auf dem Linoleumboden die Spuren unseres Kommens und Gehens ab wie die Tanzschritte einer ausgeklügelten Choreographie. Irgendwann mußten wir aus dem Haus, um ein paar Besorgungen zu machen, und bei unserer Rückkehr hieß es: »Na, ihr wart wohl beim Metzger?« Klar. Um das zu erraten, brauchte man kein Hellseher zu sein, sondern nur unseren Fußabdrücken zu folgen.

Wir wußten nicht, wo wir anfangen sollten. Also wischten wir mit dem Schwamm willkürlich über eine Ecke des Regals, was uns noch mehr entmutigte: der zu einer kohlschwarzen Brühe verwässerte Ruß rann unter das Geschirr, sickerte tief in die Ritzen der Holzbretter und bildete eine Art kleiner schwarzer Flutwelle, die an den Türen der Wandschränke herabtroff und eine *carte du Tendre** zeichnete, auf der alle Verzweigungen des Flusses zu einem Ort namens Verzweiflung führten. Kaum hatte man den Schwamm einmal rechts herum, einmal links herum verwendet, war er reif für den Mülleimer.

Zufällig war es ein Samstag, und Papa, der Handelsvertreter war, würde bald von seiner wöchentlichen Geschäftsreise zurückkehren. Die Schaulustigen, die sich eingefunden hatten, um das Ausmaß der Katastrophe zu begutachten und mit mitfühlender Miene den Kopf zu schütteln, waren allesamt zu demselben Schluß gelangt: nichts unternehmen, sondern auf Joseph warten. Joseph wüßte bestimmt eine Lösung. Vielleicht lag es an den Prüfungen, die ihm das Leben bislang auferlegt hatte, daß die anderen ihm einhellig in mißlichen Lagen besonderen Einfallsreichtum bescheinigten. Damit hatten sie recht, und wir waren die ersten, denen dies zugute kam. Blieb zum Beispiel das Auto um zwei Uhr morgens auf einer gottverlassenen Landstraße liegen,

* Allegorisch-psychologische »Landkarte der Liebe«, veröffentlicht im Roman *Clélie, histoire romaine* (1654–60) von Madeleine de Scudéry.

machten wir uns nicht einen Augenblick lang Sorgen. Andere verlieren in solch einer Situation den Kopf, verrammeln die Türen, verbringen die Nacht zusammengekrümmt auf den Sitzen und warten darauf, daß der Tag anbricht und vielleicht ein Traktor des Weges kommt. Wir aber vertrauten darauf, daß er eine Lösung finden würde. Er klappte die Motorhaube des Peugeot 403 hoch, richtete den Strahl seiner Taschenlampe auf den Motor, beugte sich hinab, wobei er die Krawatte über die Schulter warf, überprüfte ein paar Teile und brachte an der fraglichen Stelle mit einem Stück Draht und einem von Mamans Strümpfen einen behelfsmäßigen Verband an, dank dessen wir unseren Zielort wohlbehalten erreichten. Mit Recht war er stolz auf seine Basteleien und seine Improvisationsgabe, die ihn in die Nähe Leonardo da Vincis rückten, von der Ästhetik einmal abgesehen. So war er zum Beispiel auf die Idee verfallen, das große, zur Straße gelegene Zimmer zu beheizen, indem er das Ofenrohr aus dem darunter liegenden Laden hindurchführte. Die Anregung dazu hatte er in einem Artikel der Zeitschrift *Historia* gefunden (wie es bei Autodidakten oft der Fall ist, war auch er auf Geschichte und alte Steine versessen), einem Artikel, in dem über die Wandheizung einer römischen Villa in Gallien berichtet wurde. Bei uns kam das Rohr aus einem Loch im Fußboden, beschrieb mit Hilfe von Kniestücken und Halterungen im Zimmer ein winkliges, geometrisches Gebilde und mündete einen Meter über dem

Kopfende des Bettes in den Kaminschacht, weshalb wir beim Zubettgehen und Aufstehen sehr achtgeben mußten, denn stießen wir mit dem Kopf dagegen, tat dies nicht nur weh, sondern brachte obendrein das gesamte heikle Röhrensystem in Gefahr. Es gibt ein paar ähnlich geartete zeitgenössische Skulpturen, die gewisse Menschen noch heute in Entzücken versetzen. Uns jedoch war es eher peinlich, wenn Papa Verwandten oder Freunden sein ausgefallenes Heizsystem vorführte.

Er kam am frühen Nachmittag zurück und stellte das Auto wie gewöhnlich nach einem tadellosen, weil zur Genüge geübten Parkmanöver (schon im Alter von vierzehn Jahren hatte er sich ohne Wissen seines Vaters hinters Steuer gesetzt) auf dem Platz neben der Kirche ab. Eine Menschentraube erwartete ihn bereits und begleitete ihn vom Wagen zum Geschäft, wobei einer den anderen wegzudrängen suchte, um ihm, Joseph, die letzten Neuigkeiten zu berichten. Seine hochaufgeschossene Gestalt mit dem allzufrüh weißgewordenen Haar überragte den Kreis treuer Seelen. Die erste Station legte man bei der rußgeschwärzten Lampe ein, die zum Abkühlen auf dem Gehsteig stand. Während die anderen seine Reaktion abwarteten, gaben sie ihre Sicht der Dinge zum besten – eine reine Formsache, denn natürlich würden sie sich letztlich seiner Meinung fügen. Für die Leute war er eben »etwas Besonderes«, »ein Herr«, »ein ganzer Kerl«, aber dies sagten sie auf ganz bestimmte Weise, zogen dabei die Brauen in die

Höhe und schürzten die Lippen, als wollten sie einer viel tiefer gehenden, umfassenderen Empfindung Ausdruck verleihen, wie Achtung, Bewunderung oder Ergebenheit, die die üblichen armseligen Formeln nur schlecht in Worte zu kleiden vermögen. Er imponierte ihnen mächtig.

Einige von ihnen, die bei anderer Gelegenheit nicht gerade eine gute Figur gemacht hatten, konnten nicht vergessen, wie er ein paar Jahre zuvor nach dem einstimmigen Beschluß der Dorfbewohner, den Arzt von Random zur Strafe zu boykottieren, die große Kehrtwende herbeigeführt hatte. Wenn der Arzt sich damals damit begnügt hätte, seine Patienten ins Grab zu bringen, so hätte man ihm das noch durchgehen lassen: eine falsche Diagnose, eine Behandlung mit fragwürdigen Medikamenten, ein mißlungener Eingriff – der Mensch ist eben nicht unfehlbar. Was man ihm jedoch zur Last legte, wog bei weitem schwerer in diesem von alters her dem Weiß des Königs treuen Landstrich, dessen Bewohner zwei Jahrhunderte zuvor hatten mitansehen müssen, wie das republikanische Heer auf ihrem Grund und Boden die letzten Horden aufständischer Royalisten aus der Vendée vernichtete. Ein Freidenker, der sich im Einklang mit seinen Überzeugungen dazu entschlossen hatte, seinen kleinen Sohn in die öffentliche Schule zu stecken, die nur fünf oder sechs unselige, von den zahlreichen kirchlichen Schulen verschmähte und letzten Endes zum Tod im Fegefeuer verdammte Kinder besuchten. Dies stellte sicherlich einen Beweis für die Ernsthaftigkeit seiner Anschauungen dar, doch hatte die eigenwillige Idee zur Folge, daß er innerhalb kurzer Zeit seine Praxis dichtmachen mußte. Die Strafe hatte nicht lange auf sich warten lassen. Vorsichtshalber hatte man dennoch den Großen Joseph zu Rate gezogen, wenngleich man befürchtete, daß er sich für eine derartige Exkommunizierung nicht sonderlich würde erwärmen können. In der Tat berief er sogleich eine Elternversammlung ein, und am Ende der turbulenten Sitzung, während deren die Helfershelfer der Inquisition darüber brüteten, auf welche Weise man die Ungläubigen auf den Scheiterhaufen bringen sollte, ergriff er das Wort: »Ich bin Doktor Monnier unendlich dankbar, daß er meiner Frau und meinen beiden Kindern das Leben gerettet hat. Ich wüßte nicht, warum um alles in der Welt ich den Arzt wechseln sollte.« Damit war der Bann aufgehoben. Am nächsten Tag quoll das Wartezimmer des guten Doktors erneut vor Patienten über.

Joseph zeigte sich über das Ausmaß des Unheils keineswegs erstaunt, während er den Blick über die mit der Farbe der Trauer überzogenen Regale schweifen ließ und eine Art Bestandsaufnahme machte, die jedoch vor allem der Beruhigung seiner Gefolgschaft diente, und statt einen Kommentar abzugeben, fuhr er einfach gedankenverloren mit dem Zeigefinger über die Suppenterrine aus einem Tafelservice, was in der Rußschicht auf dem Deckel ein weißes Komma hinterließ. Wie er da mitten im Laden stand und sich den schmutzigen Finger am Taschentuch abwischte (Maman verkniff sich eine tadelnde Bemerkung), sorgte er bei seinem Publikum nicht eben für Überraschung, als er verkündete, er sehe keine andere Lösung, als alles wieder in Ordnung zu bringen. Es war, als wäre sein Einfallsreichtum schlagartig auf ein Durchschnittsmaß zusammengeschrumpft. Für eine solche Schlußfolgerung hätte man ihn nicht gebraucht. Die Erwartungshaltung hatte gleichsam liturgischen Charakter angenommen: »Sprich nur ein Wort, so wird meine Seele gesund.« Nun hatte er gesprochen, doch war man auf dem Heilsweg nicht einen Zoll weitergekommen. Plötzlich bekamen manche der Männer Oberwasser, denn angesichts der neuen Sachlage gelangten sie zu der Überzeugung, daß der Ruf des Großen Joseph schlichtweg überzogen sei. Sein Platz war frei geworden, und schon ging das Gerangel um die Nachfolge los. Man stellte einen Plan auf, erläuterte, wie bei der Arbeit vorzugehen sei, und schlug vor, die Sache am Montag in Angriff zu nehmen. »Tsst, tsst«, machte Joseph, schnalzte mit der Zunge und schnitt ihnen das Wort ab. »Nicht am Montag.« – »Wann denn?« – »Jetzt.« Joseph der Prächtige hatte den Thron zurückerobert.

Er ging nach oben, zog die Hose aus verwaschenem altrosa Tuch, wie Fischer sie tragen, und das blaugrau-karierte Baumwollhemd an (seinen Kampfanzug für größere Arbeiten, denn kleinere Basteleien führte er im weißen Hemd mit Krawatte und hochgekrempelten Ärmeln aus), suchte im Haus zusammen, was es an Eimern, Schwämmen und Wischlappen gab, und machte sich daran, das Geschäft auszuräumen. Die Putschisten, die sich wieder in Reih und Glied eingeordnet hatten, spannte er kurzerhand ein, und schon bildete sich eine lange Kette. Das Geschirr wurde in den Hof hinausgetragen und in mehreren Wannen einer Folge von Waschungen unterzogen. Alle Augenblicke mußte das Wasser erneuert werden. Man kippte es über den Blumenbeeten aus, da es, mit Asche angereichert, einen guten Dünger abgab und man dem Unglück auf diese Weise wenigstens einen kleinen Nutzen abgewinnen konnte. Die Brühe war so dunkel, daß auf dem Grund der Wannen manchmal ein Teller übersehen wurde, der alsbald auf einem Stein vor einem Rosenstock zerschellte. Schon bald befanden sich die Beete in einem erbarmungslosen Zustand, und deshalb ging man dazu über, den Dünger über den restlichen Garten zu verteilen. Am Abend glich das Erdreich einer Abraumhalde.

Welch ein Riesenabwasch: bergeweise Teller, Terrinen, Gläser, Kasserollen, Kochtöpfe, Schüsseln, Tiegel, Kaffeeservices, Dessertteller, Sahneschälchen, Likörgläser, Obstschalen, Käseplatten, Servierplatten aus Ton, Keramik und gebranntem Porzellan, Steingut, flache, hohle, runde, quadratische und ovale Teller, handbetriebene und elektrische Kaffeemühlen, Passiermaschinen, Kartoffelquetschen, Schöpfkellen, Schaumlöffel, Siebe – der

Inhalt von rund dreihundert Küchenschränken war in unserem Hof ausgebreitet, hinzu kamen Milchkannen und die dazugehörigen Thermometer aus Aluminium, Blumentöpfe aller Größen, Blumenschalen, Butter- und Salzfässer, Wannen aus Plastik oder verzinktem Blech, Einweckgläser, rollenweise Wachspapier in drei verschiedenen Breiten (ein Meter, ein Meter zwanzig, ein Meter vierzig), Glühbirnen, Besen und Bürsten, ein Regal mit Eisenwaren, ein zweites mit Drogerieartikeln, tausend Kuriositäten wie Gips- oder Holzeier, die als Köder dienen, um Hennen zum Brüten an den gewünschten Ort zu locken, und nicht zu vergessen die mit Perlen und Straß verzierten Grabkränze, die Kreuze aus Marmor oder Granit, mit einer Christusfigur aus Bronze oder verchromtem Metall, sowie die künstlichen Blumen, die sich von einem Allerheiligen bis zum nächsten halten, also länger als echte Blumen von tiefempfundener Trauer zeugen. Als man kleine Figuren, mit einem Barometer ausgestattet, das je nach Witterung die Farbe wechselte, ins Wasser tauchte, konnte man reiben, soviel man wollte, das Barometer blieb grau. Bei so viel Feuchtigkeit war das jedoch kein Wunder. Jemand schlug vor, sie auf den Ofen zu legen, damit sie von Grau in Rosa umschlugen.

Es herrschte eifrige Geschäftigkeit. Die Frauen wechselten sich gegenseitig ab und seufzten: »Es ist kein Ende abzusehen«, oder: »Es gibt nichts Schlimmeres als Ruß«, oder, mit einem Anflug von Galgenhumor: »Stellt euch vor, wir müßten heute abend noch mal von vorne anfangen.« Und wer tauchte am Spätnachmittag auf? Die alte Maryvonne, ein kleines Moiré-Tuch auf dem Kopf, das sie unter dem Kinn adrett zusammengeknotet und tief in die Stirn gezogen hatte, als wollte sie unerkannt ihres Weges gehen, weil sie befürchtete, man könnte sie verdächtigen, sie sei an allem schuld und kehre nun an den Ort des Verbrechens zurück. Den ganzen Tag lang hatte sie hinter dem Ladentisch ein Gesicht gezogen, als hätte man sie angeklagt. All die Warnungen hatten sie nicht davon überzeugen können, daß ihre Beleuchtungsmethode eine Gefahr für die gesamte Gemeinde darstellte, doch nun sprachen die Ereignisse gegen sie. Die Beweisführung war einwandfrei: Zwar waren wir froh, daß die Lektion keine Kosten mit sich brachte (für die anderen, versteht sich), aber wir kamen nicht umhin, in dem Vorfall den ersten Funken zu sehen, der einen finalen Holocaust entfachen konnte, wie auch Maryvonnes Leichtsinn ihn jederzeit auszulösen imstande wäre. Seit Stunden hatte sie sich tapfer Argumente zu ihrer Verteidigung zurechtgelegt, doch hatte sie bald einsehen müssen, daß ihre Unterscheidung von Kerzen und Petroleumlampen, die doch etwas völlig anderes seien, bei den Leuten nicht verfing. Durch das Gewicht der Tatsachen erschüttert, hatte sie das Lebensmittelgeschäft vorzeitig geschlossen, wohl vor allem, um den in Not geratenen Mitgliedern ihres okkulten Klubs beizustehen; sie hatte aus einem

Strohkorb eine Bluse und ein Paar alte Holzschuhe mit Lederriemen herausgekramt, sich trotzig über die Blicke jener hinweggesetzt, die ihre solidarische Geste als Eingeständnis ihrer Schuld werteten, und den Frauen, die sich mit dem Abwasch des gewaltigen Geschirrhaufens plagten, ihre Hilfe angeboten.

Unterdessen schrubbten die Männer das Geschäft vom Boden bis zur Decke. Der Große Joseph ging mit gutem Beispiel voran, teilte die Arbeit ein und ordnete eine Pause an, wenn ihnen die Arme schwer wurden. »Da sag ich nicht nein«, meinten die fleißigen Helfer, wenn man ihnen etwas zu trinken reichte, und ihr zufriedener Ausdruck nach dem ersten kräftigen Schluck war Zeichen genug, daß ihre Kehle trocken und das Getränk wohlverdient war. Noch vor zehn Uhr war der erste Anstrich fertig. Wände und Regale wiesen einen Stich ins Elfenbeinfarbene auf, der mit dem Farbmuster auf den Dekkeln der Töpfe nicht unbedingt übereinstimmte, doch konnte man dies nicht dem Hersteller zum Vorwurf machen. Es handelte sich um eine völlig neue Farbmischung: Man brauchte sich am Ende nur die mit cremefarbenen Spritzern und schwarzen Rußflecken gesprenkelten Gesichter der Freiwilligen anzusehen. Einige nahmen auf Mamans Vorschlag hin eine Dusche, andere begnügten sich damit, die kräftigen Unterarme in einen Bottich voll Wasser zu tauchen und energisch einzuseifen. Nicht genügend offenbar, nach der Farbe der Tücher zu urteilen, mit denen sie sich, munter weiterplaudernd, die Hände abtrockneten. Dank des natürlichen Färbemittels war Papas weißes Haar dunkler geworden. Die Verjüngungskur schien ihn allerdings sehr erschöpft zu haben. Er schob es auf die Terpentindämpfe, daß sich ihm der Kopf drehte, legte die Hand aufs Kreuz – eine Geste, die uns schon bald vertraut sein sollte –, drückte unauffällig den Rükken durch und versuchte, sich die Schmerzen nicht anmerken zu lassen.

Nach einem letzten Glas – Likör, Kaffee oder Kräutertee für die Frauen – dankte er jedem Helfer einzeln, ohne jedoch zu katzbuckeln oder zu beteuern, man habe ihm das Leben gerettet, und begleitete sie allesamt bis zur Haustür, wozu er sich bei der alten Maryvonne eine Taschenlampe ausgeliehen hatte, weil die Laternen auf dem Platz um Mitternacht erloschen waren.

Am Montag öffnete das Geschäft wie eh und je, und es herrschte ein Zustrom wie zu Weihnachten oder Neujahr.

ALTE STEINE WAREN seine Leidenschaft. Dies bedeutete, daß er mit uns selten ans Meer fuhr, obwohl es von hier nur einen Katzensprung entfernt ist. Was das Alter betrifft, braucht das Meer niemand zu fürchten, schließlich war es schon in der Morgenfrühe der Welt da. Doch es entzieht sich einem, das Meer, mit seinem Wasser, das über Abgründen ruht, dem Kommen und Gehen der Welle, die sich nie endgültig entscheidet, der Flut, die zurückweicht, um sechs Stunden später wiederzukehren und sich wie ein Dieb das Stück Strand zurückzuholen, das sie uns geschenkt hat – nein, das Meer entspricht dem Wesen unseres Vaters nicht im geringsten. Für uns war er vielmehr ein Fels in der Brandung. Wir ahnten, daß Steine in seinen Augen alle löblichen Eigenschaften eines Menschen in sich vereinen, der andere beschützt, etwas aufbaut und sich nicht unterkriegen läßt. Vor einem Felsenmeer, einem Menhir oder einer aus fachmännisch behauenen Steinen erbauten Mauer war ihm, als stünde er vor einem

Stammbaum. Er fühlte sich mit den Monolithen verwandt, fühlte sich ihrer Familie zugehörig. Wasser hingegen entrinnt, vergißt seinen Quell, löst sein Versprechen nicht ein, verschlingt, spült Spuren hinweg, überflutet, läßt rosten, zerstört; Wasser verträgt nichts – höchstens in einem etwas strengeren Winter den abwechselnden, ausgewogenen Schritt eines Schlittschuhläufers auf einem zugefrorenen See. Vielleicht hätte unser Vater unter diesen Voraussetzungen das Packeis geliebt, dieses greifbar gewordene, gebändigte Meer, dessen im Lauf von Jahrhunderten entstandene Schneeschichten bergeweise Annalen in Form von Fossilien einschließen – doch die letzte Eiszeit liegt am unteren Lauf der Loire schon allzulang zurück.

Keine Reise ohne etwas Steinernes. Natürlich kamen auch Schlösser an die Reihe, doch die Schlösser der Loire, von denen keines in unserer Sammlung fehlte, interessierten uns nicht sonderlich: zu schön, zu sauber, zu pompös, zu bürgerlich – eine Märchenkulisse, wie geschaffen für die Prinzessin auf der Erbse und intrigantes Bettgeflüster. Im übrigen paßte die milde Witterung des Anjou zu Kalk- und Tuffstein: sanftes Klima, sanfter Stein. Von Papa ging jedoch eine Strenge aus, die sich besser mit Granit vertrug. An den langen Wochenenden zu Ostern oder Pfingsten machte er deshalb mit uns Ausflüge in die Bretagne. Dort hallt der Boden von einer stummen, aus den Tiefen aufsteigenden Botschaft wider. Granit ist ein harter Stein, so wie manche Menschen hart geworden sind, weil sie allzuviel ertragen mußten. Es ist ein kristallines, aus Magma entstandenes, in den Eingeweiden der Erde geformtes Gestein. Dort unten ist der Druck so gewaltig, daß er eine lokkere Masse von den Ausmaßen eines Berges auf die Größe eines Diamanten zusammenstauchen kann. Und der Boden unter den Armorikanischen Alpen hat nicht weniger als eine Gebirgskette im Himalaya tragen müssen.

Wir fanden uns ins Primär zurückversetzt, und alles war noch in den Anfängen. Mächtige Aufwerfungen ließen aus den Tiefen der Meere hohe Inseln aufsteigen. Das Armorikanische Gebirge erhob sich damals bis auf über fünftausend Meter Höhe, ein Dinosaurier vor der Zeit der Dinosaurier, eine tropische Landschaft vor Entstehung der Tropen, denn auf diesem frühgeschichtlichen Boden herrschte warmes, feuchtes Klima. Preist man die guten alten Zeiten, vergißt man stets, an diese polynesisch anmutende Ära der Bretagne zu erinnern. Ein Maler, der in Pont-Aven lebt, könnte sich eigentlich eine Reise auf die Tuamotu-Inseln sparen. Die gesamte bretonische Halbinsel war einst von dichtem Urwald bedeckt, in dem es weder Druiden noch Vögel, noch Säugetiere gab, ja nicht einmal jene hochgewachsenen Tiere mit langem Hals, die aber keine Giraffen waren. Wie also kam es, daß unsere hohen herzynischen Berge glattgehobelt wurden? Wind, wie er an unseren Küsten weht, Regen, wie unser Himmel ihn überreich ausschüttet, Zeit, Unmengen von Zeit und unendlich viel Geduld. In kleinerem Maßstab läßt sich dies leichter veranschaulichen. Man nehme mehrere Millionen Pilger, hänge ihnen eine Muschel um den Hals, schicke sie, ganz gleich auf welchem Weg, nach Santiago de Compostela in Galicien und trage ihnen auf, beim Durchschreiten des Pórtico de la Gloria die Hand auf den Mittelpfeiler zu legen. Fünfhundert Jahre später wird der Schweiß der Pilger einen Abdruck ihrer fünf Finger in den Granit gefressen haben. Ein Atemhauch, sofern er sich nicht entmutigen läßt, reicht aus, um ganze Berge abzuschleifen. Heute mißt hier die höchste Erhebung vierhundert Meter. Wenn wir uns noch ein wenig gedulden und die Windböen ein übriges tun, wird das Armorikanische Gebirge eines Tages dem Flachland der Beauce ähneln, von der Fruchtbarkeit einmal abgesehen.

Die Bretagne war seine Wahlheimat. Sechs von sieben Tagen in der Woche klapperte er sie kreuz und quer im Auftrag eines Grossisten aus Quimper ab, der am Ufer des Odet im Flötenweg wohnte. Die Adresse konnte man sich mühelos merken: »Flautenweg«, pflegte er zu scherzen, wenn die Geschäfte schlecht gingen. Sein Zuständigkeitsbereich umfaßte die fünf bretonischen Departements, ausgenommen das kleine Gebiet südlich der Loire, da das Flußdelta, als es noch nicht von Brücken überspannt war, eine natürliche Grenze bildete. Zur Planung seiner Routen hatte er die Michelinkarten der Gegend im Maßstab 1 : 200000 nebeneinander auf eine

Sperrholzplatte geklebt und auf diese Weise die gesamte Bretagne vor Augen. Sie nahm eine Wand seines Büros ein und war von Hunderten dünner Nadeln mit verschiedenfarbigen Köpfen durchbohrt, eine für jeden Kunden. Ein rascher Blick auf die Karte, und er war über alles im Bilde. Er hatte einen raffinierten Code ausgetüftelt, den nur er beherrschte: Die Farben gaben Aufschluß über erzielte Umsätze, Häufigkeit seiner Besuche, eventuell in Frage kommende Hausbesuche und andere Kriterien, die uns schleierhaft waren. Zum Beispiel wußten wir, daß die Nadeln mit den grünen Köpfen ihn seltener zu sehen bekamen als die mit den roten und daß den mit den blauen seine besondere Aufmerksamkeit galt – weil er sich von ihnen mehr versprach oder weil ein Freund in der Nähe wohnte, der den Umweg lohnte –, während sich die mit den schwarzen Köpfen gefälligst ein bißchen anstrengen mußten, wollten sie nicht von dem bunten bretonischen Firmament verschwinden. Da insgesamt etwa zehn verschiedene Farben zur Auswahl standen, markierte er obendrein gemütliche Hotels, gute Restaurants und sogar die eine oder andere Sehenswürdigkeit – Ziele für künftige Familienausflüge.

Am Sonntagabend zog er sich in sein Arbeitszimmer zurück, brachte Buchführung und Auftragsbücher auf den neuesten Stand, bereitete Postkarten vor, auf die sein Name gestempelt war und auf denen er Kunden seinen bevorstehenden Besuch ankündigte. Dann stellte er sich wie ein Feldherr am

Vorabend der Schlacht vor seine Wandkarte, die er entlang der Küste durch aufgeklebte Fotos von den hübschesten Orten der Bretagne eigenhändig verschönert hatte, und plante die nächsten Fahrten. Dazu verband er die farbigen Nadelköpfe mit einem Baumwollfaden getreu dem euklidischen Prinzip des kürzesten Weges miteinander und entwarf auf diese Weise eine ideale Reiseroute, eine, aus der Vogelperspektive betrachtet, geometrische, im Zickzack verlaufende Linie, die Ähnlichkeit mit einem Diagramm oder einer Fieberkurve aufwies, in Wirklichkeit jedoch sein Programm für einen ganzen Monat veranschaulichte. Woche für Woche gaben die Ariadnefäden in geknickten Linien die Wege vor, die unseren Vater, den Minotaurus, langsam aber sicher in die Knie zwingen sollten. Die Fäden selbst, die ebenfalls unterschiedliche Farben besaßen und zwecks Straffung an den Enden mit je einem Kupferknopf beschwert waren, kamen einander nicht ins Gehege und überschnitten sich höchstens einmal bei einem gemeinsamen Etappenziel; sie erschlossen methodisch die eine oder andere Gegend, wobei allem das Bemühen zugrunde lag, zu besuchende Kunden oder Hotels, in denen er gerne abstieg – weil er, je nach Zeit und Route, damit rechnen konnte, dort zwei oder drei Kollegen anzutreffen, mit denen er nach dem Essen eine Partie Karten spielen konnte –, auf eine Linie zu bringen.

Er unternahm zahlreiche Anläufe, bis er endlich, nach vielen fehlgeschlagenen Versuchen, die vernünftigste Lösung herausfand – warum statt einer Nadelspitze im Norden nicht eine weiter im Westen? –, und wegen der zahllosen Kombinationsmöglichkeiten entstand jedesmal eine bislang nie dagewesene Variante, eine neue Strecke. Kam er an einem bestimmten Punkt nicht weiter, entfernte er den um die farbigen Köpfe gewickelten Faden und fing von vorne an, das heißt in Quimper, wohin er jeden Montagmorgen fuhr, nachdem er in Random um sechs Uhr früh aufgebrochen war und zum Frühstück den Qualm einer ersten Gitane geschluckt hatte.

Zweihundert Kilometer an einem Stück zu fahren, das war keine Kleinigkeit. Heute baut man nach Möglichkeit Umgehungsstraßen, doch damals führten die schmalen, kurvenreichen, mit einem Gemisch aus Kies und Asphalt gepflasterten Landstraßen durch jedes noch so kleine Dorf. Die in der Umgrenzung alter Wehrmauern gefangenen Städtchen mit ihren überfüllten Märkten und engen Gassen stellten für den Reisenden ein Hindernis dar, das ihn nur langsam vorankommen ließ. Als Reisende verstanden sich die Handelsvertreter nämlich. Nicht etwa, weil dieses Wort Träume von einem Ausbrechen aus dem Gewohnten, von fernen Ländern oder weißen, von Palmen gesäumten Stränden heraufbeschwor. Nein, ein Reisender war schlicht und einfach ein Mensch, der seinen Lebensunterhalt auf der Landstraße verdiente.

Kaum verließ man eine Nationalstraße und drang

in das Labyrinth der ländlichen Bretagne ein, mußte man jederzeit damit rechnen, daß eine lustlos dahintrottende Kuhherde die Fahrbahn in voller Breite blockierte, fette, träge Tiere, deren Euter zwischen den Hinterbeinen fast auf dem Boden schleiften und die zwischen den Kiefern unablässig ihre unsägliche Langeweile wiederkäuten, als erfüllte sie die Tatsache, daß sie auf ihren geblähten Flanken ein sonderbares geometrisches Muster aus braunen Kontinenten und elfenbeinfarbenen Ozeanen mit sich herumtrugen, mit der Gewißheit, daß sie die Welt schon einmal umrundet hatten. Der Kuhhirte oder die Hirtin fuhr mit einem Fahrrad hintendrein, eine kleine rote Fahne wie die eines Bahnhofsvorstehers unter den Arm geklemmt, um gegebenenfalls den Verkehr zu regeln. Mit gleichmütiger Miene stellten sie sich taub, wenn ein Autofahrer hupend seiner Ungeduld Ausdruck verlieh, behielten unbeirrt dasselbe Tempo bei, wobei sie um ein Haar das Gleichgewicht verloren, so langsam fuhren sie, während sie mit ewiggleichem, schwerfälligem Tritt ins Pedal Buckel überwanden, lediglich am Fuß allzu starker Steigungen abstiegen und sich an der immerselben Stelle, an einem Orientierungspunkt wie zum Beispiel einem Baum, der ihnen von dort an ein sanfteres Ansteigen der Straße verhieß, wieder in den Sattel schwangen. Gewohnheiten, erworben auf diesem morgens und abends zurückgelegten Weg, bei diesem zweimal täglich stattfindenden Viehtrieb. Könnte man die Entfernung zwischen Hof und

Weide nicht durch einen Tauschhandel mit einem Nachbarn verringern? Manch einer denkt wohl darüber nach, verwirft die Idee jedoch sogleich wieder, weil er selbst nicht Bittsteller sein möchte – wie demütigend –, und außerdem würde man dadurch der Pendelei im Kielwasser der trägen Kühe ein Ende bereiten, gleichsam die Bahn der Planeten durcheinanderbringen, den schönen Wechsel von Tag und Nacht, den Zyklus der Jahreszeiten, an den sich das Leben, so elend es auch sein mag, seit jeher angepaßt hat und auch morgen noch anpassen wird. Ein derartiger Eingriff, selbst um einer größeren Bequemlichkeit willen, barg sicherlich ein verstecktes Übel, und war das Uhrwerk erst entzwei, mußte man mit allem rechnen, sogar mit dem Tod.

Der Hund ist sich seiner Wichtigkeit bewußt, unermüdlich läuft er zwischen der Spitze und dem Ende der Herde hin und her, bringt störrische oder trödelnde Kühe auf Trab und verschafft sich mit seinem Gebell Respekt. Von Zeit zu Zeit blickt er seinen Herrn erwartungsvoll an, in der Hoffnung, ein Lob zu ergattern. Der Hund ist eine gutmütige, häßliche Promenadenmischung, kennt keine Liebkosungen und hat, wie es bei Mischlingen seiner Art häufig der Fall ist, mit hoher Wahrscheinlichkeit einen Namen wie »Bas-blanc«, Weißsocke – und das nur, weil er weiße Pfoten hat. Einfallsreichtum ist nicht eben die Stärke der Landbevölkerung, die es ratsamer und auch tröstlicher findet, daß sich die Dinge nach dem immerselben Muster wiederholen.

Es waren die Kreuzfahrer, die nach ihrer Rückkehr aus Palästina darauf verfielen, das treue Tier an ihrer Seite auf den Namen eines der »treulosen Hundesöhne« zu taufen, und so trifft man noch heute ab und zu auf einen »Médor«. Niemand würde jedoch auf die Idee kommen, ihnen einen Namen aus dem Heiligenkalender zu verpassen. Dies käme einem blasphemischen Akt gegen den Heiligen Geist gleich – die einzige Sünde, die einem nie vergeben wird.

Katzen gehören nicht zum Familienverband. Sie sind ganz einfach nur Katzen, und man hat wenig Interesse, sie zu füttern, weil sie sich mit vollem Magen schwerlich dazu aufraffen, Mäuse zu jagen, was immerhin ihr Sinn und Zweck ist, der Grund, weshalb man sie überhaupt duldet. Seit alters her gelten sie als Unglücksbringer, müssen mal als Prügelknaben, mal als Beutetiere herhalten, wenn die Jagd nicht sonderlich ergiebig ist. Nicht selten findet man ihre ausgemergelten Leiber von Bleikügelchen durchsiebt in einer Ackerfurche. Nur wenigen ist ein beneidenswerteres Schicksal beschieden: sie rekeln sich mit königlichem Gleichmut auf dem Rand eines Brunnens oder machen auf einem Fensterbrett ausgiebig Toilette.

Ein andermal ist es ein Fuhrwerk, das den Autofahrer zwingt, den Fuß vom Gaspedal zu nehmen. Aufrecht wie ein Wagenlenker steht der Bauer auf dem Karren und hält lässig die Zügel in der geschlossenen Hand. Die gespreizten Beine verleihen ihm Standfestigkeit und sind zugleich Ausdruck seiner

Macht, die es ihm zum Beispiel erlaubt, die Straße zu blockieren. Er trägt eine verwaschene blaue Latzhose, deren auf dem Hinterteil und den Knien aufgenähte Flicken mit ihrem kräftigen Indigoblau an die seit langem ausgeblichene Originalfarbe erinnern. Immer wieder schiebt er in napoleonischer Manier die freie Hand unter den Hosenlatz. Wichtigstes Erkennungsmerkmal seiner Kaste, der Fetisch schlechthin, ist allerdings die Mütze, deren nach unten geschlagener Schirm ihn vor den Strahlen der sinkenden Sonne schützt und ihm das Aussehen eines Kaid verleiht. An der Mütze liegt ihm mehr als an den Haaren, denn er nimmt sie erst kurz vor dem Schlafengehen ab, und als er sie kurz lüpft, um sich am Kopf zu kratzen, stellt man überrascht fest, daß sich auf seinem Schädel eine weiße, frische Tonsur abzeichnet, die in krassem Gegensatz zum kupferroten, von Sonne und Wetter gegerbten Nacken steht.

Als er merkt, daß der Fahrer hinter ihm ungeduldig wird, hebt und senkt er rasch die Zügel, so daß sie Wellen schlagen und auf die Kruppe des Pferdes klatschen, woraufhin der Gaul drei Schritt lang Tempo zulegt, jedoch gleich darauf wieder in seinen gemächlichen Trott verfällt. Die Bauersfrau, die oft mit baumelnden Beinen hinten auf dem Karren sitzt und sich mit beiden Händen an der Wagenleiter festhält, muß ganz allein die zornigen Blicke über sich ergehen lassen, die der Autofahrer ihr durch die Windschutzscheibe hindurch zuwirft. Also vertieft sie sich in die Betrachtung der Landschaft, die sie schon tausendmal gesehen hat, die ihr also nichts Neues zu bieten hat, und zupft einen Zipfel ihres Kittels, der die Farbe von Herbstlaub hat, zurecht, weil er, als der Wagen über eine Unebenheit rumpelte, heruntergerutscht ist und ihr Knie entblößt hat, das ebenso weiß wie der Schädel ihres Mannes ist. Die erdverkrusteten Gummistiefel, aus denen derbe graue Wollstrümpfe herausschauen, reichen ihr bis zur Wade. Am liebsten würde sie im Boden versinken, sie fleht den Himmel an, daß die Straße doch bald breiter werden möge, damit der erzürnte Autofahrer endlich vorbeifahren kann. Um Haltung zu bewahren, schiebt sie mit knapper, würdevoller Geste eine Haarsträhne zurück unter das Kopftuch, ein Beweis dafür, daß man die guten Umgangsformen auf dem Land ebenso beherrscht wie in der Stadt. Wie erleichtert ist sie, als das Fuhrwerk schließlich in einen Feldweg einbiegt.

Nicht allen Kunden stand der Sinn nach großen Geschäften. Verglichen mit den meisten fast wie Gemischtwarenhandlungen sortierten Läden in den entlegenen Dörfern der eher ärmlichen Gegenden im Herzen der Bretagne nahm sich der unsrige in Random geradezu als vorbildliches Fachgeschäft aus. War die geographische Lage daran schuld? Betrat man einen dieser von verschiedenartigsten Gerüchen erfüllten Trödelläden, fühlte man sich in die Zeit der »Eroberung des Westens« zurückversetzt, als den neuen Siedlern in florierenden Marktbuden entlang der Eisenbahngleise Speck, Puder und Spitzenstoffe feilgeboten wurden. Kaum machte sich in einem Ort der Bedarf an einem bestimmten Artikel bemerkbar, tauchten auf den Ladentischen neben klebrigen Fliegenfängern und rosa oder grünen Shampooflaschen beispielsweise Langspielplatten mit einem Verschnitt der beliebtesten Operettenmelodien auf, gespielt vom König des Akkordions und seinem großen, aus drei Musikern bestehenden Orchester. Bei dieser Sparsamkeit, wie man sie sonst eher in Bergdörfern antrifft, galt es, allen Bedürfnissen gerecht zu werden, von der Gasflasche übers Briefpapier bis hin zum Frühstücksgedeck aus Porzellan mit der Aufschrift »Erinnerung an meine Erstkommunion«, und genau hier trat Papa auf den Plan.

Manchmal nahm er einen Umweg von mehreren Dutzend Kilometern auf sich, um in einem trostlosen Nest des Arcoat in einer Mischung aus Lebensmittelladen, Sattlerei und Café zwei Gläser und drei Teller zu verkaufen. Die Bretagne war berühmt für ihre Gemischtwarenhandlungen, deren Besitzer, meist ein Ehepaar, mit vereinten Kräften an einem Strang zogen, in der Hoffnung, es dadurch zu etwas zu bringen. Manche waren wahre Tausendsassas: Gemüsehändler am Morgen, Friseur am Nachmittag, Versicherungsagent am Abend. Der Getränkeausschank war obligatorischer Nebenerwerb. Er verlangte vom Besitzer eines Ladens keinerlei fachliche Schulung, denn er mußte es lediglich zustande bringen, die Gläser bis an den Rand zu füllen und am Ende mit einer knappen Bewegung die Flasche ein wenig zu drehen, damit der letzte Tropfen nicht den gläsernen Hals hinabrann. So sicherte man sich ein zwar bescheidenes, doch zuverlässiges Einkommen, weil der Alkoholkonsum der trinkfesten Stammkunden erst dann schlagartig zurückging, wenn sie auf dem Sterbebett lagen. Da jeder Laden zugleich auch Ausschank war, konnte man nach Belieben von Kneipe zu Kneipe ziehen – das einzige probate Heilmittel gegen Langeweile und Einsamkeit – und den gefürchteten Moment der Heimkehr so lange wie möglich hinausschieben. In Random, das trotz seiner bescheidenen Größe immerhin siebzehn Cafés zählte, konnte man die Tageszeit nach dem Grad der Trunkenheit seiner trinkfreudigsten Einwohner bestimmen. Wenn zum Beispiel Monsieur Sowieso, der mit der Zuverlässigkeit eines Uhrwerks von einer Schenke zur anderen zog, am Sonntag torkelnd auf seine letzte Station zusteuerte, wußte man, daß es zwei Uhr nachmittags war, daß wir gerade unsere Schokoladeneclairs aufgegessen hatten und daß Madame Sowieso, seine Frau, die Handtasche auf den Knien, seit Ende des Hochamts mit stoischer Ruhe in dem einzigen noch auf dem Platz geparkten Auto saß und auf ihn wartete.

Was Monsieur René anging, so war er eine wandelnde Sonnenuhr, nur brauchte die Sonne gar nicht erst herauszukommen, damit seine Nase rot wurde: sein pickeliger Zinken leuchtete wie eine Erdbeere, und das zu jeder Jahreszeit. Dieser Veteran von 1914 beendete seine Tage im Hospiz und schleppte sich mit kleinen, schlurfenden Schritten voran, wobei er sich auf zwei Spazierstöcke stützte. Seine Zeit füllte er aus, indem er täglich zwei große Runden um den Platz drehte und systematisch jedem Café einen Besuch abstattete. Zwischendurch kehrte er ins Heim zurück, um im Speisesaal das Mittagessen einzunehmen. Bedachte man, daß er nur langsam vorwärtskam und dabei wie ein Viertakter arbeitete (erst ein Fuß und ein Stock, dann der andere Fuß und der andere Stock) und daß es die Steigung zwischen Dorf und Altersheim in sich hatte, konnte man wohl behaupten, daß Monsieur René ein vielbeschäftigter Mann war.

Das Ritual bei diesen fatalen Zechtouren war stets dasselbe: Jemand stieß die Tür zu einem Café auf und grüßte die Anwesenden, die ihn dann nicht eher wieder gehen ließen, als bis jeder eine Runde ausgegeben hatte, was rein rechnerisch gesehen ebenso viele Runden wie Trinkende ausmachte, das letzte Gläschen vor der Weiterfahrt nicht zu vergessen. Man kann sich vorstellen, was für ein Wagnis ein Handlungsreisender auf sich nahm, der eine Region abfahren mußte, die sich aus den fünf Departements mit dem höchsten Alkoholkonsum von ganz Frankreich zusammensetzte. Jedenfalls war er dieser Gipfeltreffen, bei denen Geschäfte gemacht werden, indem man die Gläser aneinanderstößt, offenbar irgendwann überdrüssig geworden, denn es gibt ein von ihm unterzeichnetes Dokument, in dem er hoch und heilig schwört, nie wieder einen Tropfen Alkohol anzurühren. Vielleicht hatte er ein paar Tage zuvor den Bogen überspannt, aber er hielt sich daran und bestellte selbst mitten in einem Kreis eingeschworener Trinker standhaft seinen Pfefferminzsirup mit Wasser. Niemand kam auch nur auf die Idee, ihn in Versuchung zu führen. Verlorene Müh'.

Mochte die Bestellung noch so kläglich ausfallen, es blieb ihm nicht erspart, vor den Augen des Kunden dennoch die rund zehn Koffer auszupacken, die sich im Kofferraum und auf der ausgebauten Rückbank des 403 stapelten. Jeden Samstag nach der Heimkehr räumte er den Wagen leer und setzte mit Blick auf einen möglichen Familienausflug am Sonntag die Sitze wieder ein. Sonntag abends machte er alles wieder rückgängig. Da der Wagen für seine Zwecke nicht optimal ausgestattet war, hatte er geschickt ein Brett so zurechtgesägt, daß es sich wie ein Puzzlestück in den hinteren Teil des Autos einfügte und als Kofferablage dienen konnte. Er nahm es nie heraus, und deshalb war der Rücksitz, wenn er ihn wieder einbaute, ein Stück erhöht, so daß wir beim Fahren über Papas Kopf hinwegblicken konnten. Wenn er ein schwieriges Manöver durchführte, mußten wir uns ducken, weil er sonst im Rückspiegel nichts als unsere Schädel sah.

Also: Sie stapeln in einem eigens dafür angefertigten quadratischen Koffer etwa fünfzig Teller mit verschiedenen Mustern übereinander, heben den Koffer hoch, überqueren die Straße, öffnen die Ladentür, stellen den Koffer ab, lösen den Lederriemen, der alles zusammenhält und verhindert, daß der Inhalt herausfällt und zu Bruch geht, packen aus, führen die Ware vor und preisen sie an, lassen die Grimassen des Händlers über sich ergehen, der so von langer Hand den Rückzug vorbereitet und darauf achtet, daß ein Ausdruck des Entzückens auf seinem Gesicht nicht zu einem Mißverständnis führt. Packen alles wieder ein, ohne zu seufzen. Heben den Koffer wieder hoch und bringen ihn zurück zum Wagen. Fangen mit der ganzen Prozedur von vorne an. Holen einen zweiten Koffer voll Gläser in roten Samtfächern heraus, dann noch einen mit allerlei Nippes, die ohne viel Aufhebens in quadratische Tücher eingewickelt sind und von denen das eine oder andere Stück angeschlagen ist, und dann noch einen, und auch den Koffer, den Sie fast vergessen hätten und der den Kunden, dessen Geschmack Sie kennen, bestimmt interessieren wird. Sagen: Ich bin gleich wieder da. Beeilen sich, auch wenn das überseekofferartige Ding, das Sie mehr hinter sich herschleifen als tragen, Ihnen fast den Arm ausreißt. Lassen sich die Erschöpfung nicht anmerken. Erklären: erste Wahl, zweite Wahl, Sonderangebot, Einführungspreis, Festpreis, begrenzter Vorrat. Schnippen mit dem Fingernagel an den Rand und lassen ein Prachtexemplar aus geschliffenem Kristall erklingen, das als Obstschale oder für ähnliche Zwecke gedacht sein mag. Erkundigen sich nach diesen oder jenen. Zeigen Anteilnahme. Lassen sich jedoch nicht zu sehr auf das Thema ein, sondern schneiden ein anderes an.

Kommen auf die Zeiten zu sprechen, sagen: Das wird schon wieder. Will Ihr Gegenüber vorschützen, es seien harte Zeiten für seinen Berufsstand, dann kontern Sie: Das ist überall so. Das Auftragsbuch liegt parat, es balanciert auf einem Stapel von Mustern, das Deckblatt und die bereits vollgeschriebenen Seiten sind nach hinten umgeschlagen. Sie schieben zwei Bögen Kohlepapier unter das Original, um zwei Durchschläge anzufertigen: einen für den Grossisten in Quimper, den zweiten für den Einzelhändler, das Original für Sie. Zücken den Kugelschreiber, der Ihnen zum Glück nicht die Taschen besudelt wie ein Füllfederhalter, und füllen sorgsam die entsprechenden Spalten aus: Bestellnummer, Artikelbezeichnung, Stückpreis sowie -zahl (zusammenrechnen werden Sie es heute abend, im Hotel). Sie sagen: Ich höre. Zwei von diesem Modell, eins von jenem und drei davon. Das ist alles? Ja, das wär's für heute. Sie lassen sich Ihre Verbitterung darüber, daß Sie für eine so geringe Ausbeute den Vormittag vergeudet haben, nicht anmerken. Bedanken sich, packen alles wieder ein, empfehlen sich. Bis zum nächsten Mal. Mittag ist längst vorbei, und so bleibt dir keine Zeit mehr für einen weiteren Kundenbesuch. Wenn dir kein Lokal zusagt oder du keinen Appetit hast, dann laß das Mittagessen eben ausfallen und begnüg dich mit einer Tafel Schokolade. Denn Schokolade liebst du über alles und behauptest, schon so viel davon gegessen zu haben, daß man damit einen Eisenbahnwaggon füllen könnte. Bei deinem Tempo wächst unsere Sammlung rasch, denn du hebst für uns die Bildchen auf, die jeder Tafel beigelegt sind, indem du sie vorsichtig vom Papier löst, um sie nicht zu zerreißen – bis zum Wochenende ergibt das jedesmal einen hübschen Stapel.

Während du darauf wartest, daß der nächste Laden aufmacht, sitzt du in deinem Wagen, in dem einem vom Geruch nach abgestandenem Tabak fast übel wird – dir natürlich nicht, nur deinen Fahrgästen –, und rauchst eine Zigarette nach der anderen. Im Winter drehst du die Heizung beim Fahren gerne voll auf. Die Wärme und der Qualm, der dich wie ein dünner weißer Schleier einhüllt, sind dein Kokon.

Der 403 war so schwer beladen, daß er hinten sehr tief hing und man den Eindruck hatte, das Auto würde gleich abheben. Eigentlich hätten sich die schweren Koffer damit zufriedengeben können, daß sie den Wagen mit ihrem Gewicht langsam erdrückten, doch nein, sie ließen es sich nicht nehmen, auch die Bandscheiben des Fahrers zu ramponieren, und legten bei diesem Verschleiß, der sich von Woche zu Woche verschlimmerte, eine ungeheure Effizienz an den Tag. Am Ende ließen ihm die quälenden Schmerzen keine Ruhe mehr. Um sie zu lindern, leerte er die Röhrchen mit den Schmerztabletten genauso schnell wie die Päckchen Gitanes.

Das Staunen musste der Bestürzung weichen, als nach Öffnung eines alten Grabs die unversehrt vorgefundenen und im Glanz ihrer ursprünglichen Farben erstrahlenden Fresken durch die jähe Zufuhr von Sauerstoff unter den Augen ihrer Entdecker plötzlich verblaßten. Und die alte ländliche Kultur mußte erst tot und begraben sein, damit die Bretagne sich vor seinen Augen allmählich auflöste, während er sie bereiste – als wirkte die Tatsache, daß er sie in allen Einzelheiten erfaßte, wie ein Wind, der nach und nach alle Spuren auslöscht.

Mag man die Bretagne vorgeblich noch so bewundern und sich für alle Zeiten an sie erinnern – es gibt sie nicht mehr. Sie ist ebenso ein Stück sagenumwobene Vergangenheit wie die versunkene Stadt Ys und die geheimnisvollen Megalithen. Sehgewohnheiten ändern sich nur langsam: die Augen des Gedächtnisses brauchen lange, bis sie sich neuen Gegebenheiten anpassen. So schnell das Licht auch durchs All reist – das jeweilige Bild, das es uns sendet, ist längst überholt. Die Welt verliert allmählich ihr Gesicht, und mit ihm das Labyrinth farnbewachsener Hohlwege, gesäumt von Eichen, die so knorrig wie jahrhundertealte Lebewesen sind; die hohen Böschungen, die den vom Meer herüberwehenden Wind abfingen, einsickerndes Regenwasser speicherten, so einen Vorrat an Kühle für den kommenden Sommer anlegten und verhinderten, daß die Flüsse über die Ufer traten; die langen Reihen von Erlen und Weiden, deren gebeugte Gestalten den sich schlängelnden Lauf der Bäche betonten; das Dickicht, in dem Vögel lärmten wie Klatschweiber auf dem Marktplatz; die mit Stechginster bewachsene, süßlich nach Kokosnuß duftende Heide; die ausgedehnten Felder voll blühender Margeriten und Butterblumen, die sich dem frohlockenden Frühling darboten wie geplatzte Spiegeleier; das Unterholz, das der matte Widerschein einer Schar Primeln von unten aufhellte; die von Menschenhand gepflanzten Hecken aus Weißdorn, Maulbeer- und wilden Pflaumenbäumen; die mit rosa Stiefmütterchen und Veilchen übersäten Gräben; die sich dem Klatschmohn und den Kornblumen hingebenden Weizenfelder, von denen nicht nur die Verheißung auf Brot ausging, sondern zugleich die Aufforderung: »Sag es mit Blumen« – eine kunterbunte Pflanzenwelt, die filigrane Reliquienschreine aus Blüten und Gräsern für heilige Quellen bildete, diese Weihwasserbecken unter freiem Himmel, deren bescheidenes Rinnsal die Erinnerung an einen wundertätigen frommen

Einsiedler barg, obwohl es ihn vielleicht nie gegeben hatte, was der nachweislichen Heilwirkung des Wassers allerdings keinerlei Abbruch tat. Mochte der Himmel auch mit Sonne geizen – mit seinen Gnadenbeweisen ging er verschwenderisch um. Davon zeugen die in der Landschaft verstreuten kleinen Kapellen aus Granit, von denen es nicht weniger gibt als in den stürmischen Wind hinausgerufene innige Wünsche. Ihre Erbauung verdankten diese Kapellen vielleicht dem erhörten Gebet eines kleinen Landadeligen oder schlichtweg der Tatsache, daß ein Feldarbeiter beim Pflügen mit der Schar auf eine Madonnenstatue gestoßen war, die eine unbekannte Hand unbemerkt im Erdreich versteckt hatte wie Schokoladeneier am Ostersonntag. Galt das Wunder erst als erwiesen, erhielt eine Kapelle ihr eigenes Kirchenfest samt Prozession, eine Lieblingsbeschäftigung dieses frommen Volkes, das nur zu gern im schönsten Sonntagsstaat einem Wald aus üppig bestickten Standarten hinterhermarschierte und dabei Lobgesänge zum Ruhme seines Schutzheiligen und der heiligen Anna anstimmte, die den Bretonen durch ein paar wohlinszenierte Erscheinungen (schließlich nützt es nichts, dem Dorftrottel zu erscheinen, wer würde ihm schon glauben?) zu verstehen gegeben hatte, daß sie das Land unter ihre hehren Fittiche zu nehmen gedachte – ein Denkzettel für die »älteste Tochter der Kirche« – Frankreich –, die sich selbst eine Tochter – die Jungfrau Maria – zugelegt hatte, ohne jene überhaupt nach ihrer

Meinung zu fragen. Solche Festtage, an denen man wie nebenbei Ablaß für seine Sünden erlangte, boten Gelegenheit, entfernte Cousins und Cousinen wiederzusehen, die in einem Umkreis von zwei Wegstunden verstreut lebten, und nach Mädchen im heiratsfähigen Alter Ausschau zu halten, deren Heimatdörfer an den kaum merklichen Unterschieden der traditionellen, mit Spitzen besetzten Trachtenhauben zu erkennen waren. Die Prozessionen verloren sich im Labyrinth der Landschaft, und nur dann und wann ragten goldene Kreuze über eine Böschung oder wehte der Gesang der Gläubigen herüber. Dieses Land war derart auf die verworrenen Irrwege der menschlichen Seele eingestimmt, daß gemeinsam mit ihm auch die von Prozessionen begleiteten Kirchenfeste dem großen Umbruch zum Opfer fielen, der den langsamen Prozeß der Auszehrung zu Beginn der sechziger Jahre gezielt beschleunigte – es war, als hätten die Sünder erst die Beichtstühle umgestürzt und dann überhaupt ganz aufs Beichten verzichtet.

In der Bretagne gibt es ein Vorher und ein Nachher: das Vorher der winzigen Parzellen, die den Sachbearbeitern des Katasteramts Kopfzerbrechen bereiteten, denn durch den reichen Kindersegen wurden sie von Mal zu Mal mehr zerstückelt, so daß den Erben am Ende nur ein Fleckchen Erde, auf das sie gerade eben die Füße stellen konnten, und das Recht auszuwandern blieb; und das Nachher der Flurbereinigung, die angesichts der erbärmlichen Erträge der bretonischen Landwirtschaft auf höchster Ebene in der Absicht verfügt wurde, eine ganze Region mit einem Federstrich in die Moderne zu befördern. Modernität erkennt man daran, daß sie sich weigert, sich mit Überkommenem zu arrangieren. Wie sollten auf diesem Flickenteppich von einer Landschaft mächtige Maschinen manövrieren, die in einer Stunde die Wochenarbeit von zehn Männern erledigen? Wie die Erde düngen, ohne daß die Zufuhr an Stickstoff den Wuchs von Ackerwinde und Gänseblümchen förderte? Wie die Stare davon abhalten, die Saatkörner aufzupicken und somit die erhoffte Ernte zu schlucken? Wie den Bauern überreden, seinen unergiebigen Acker aufzugeben und ihm statt dessen die Vorzüge des Arbeiterdaseins und die Freuden des Stadtlebens schmackhaft machen? Wie all das zusammenfassen, was verstreut ist: Felder, Häuser, Tiere? Wie zerschlagen, was eine Einheit bildet: Generationen, Erinnerungen? In der Manier eines Haudegens, der mit einem einzigen Handstreich eine Tischplatte leerfegt, fuhr der Große Raumgestalter in der Verschwiegenheit seiner Amtsstube mit zerstörerischer Pranke über die Bretagne. Auf dem freigeräumten Gelände zeichnete er ausgedehnte, übersichtliche Rechtecke und breite, schnurgerade, befestigte Straßen ein, und nachdem er sein großes Werk für schön und gut befunden hatte, setzte er eine Unterschrift darunter. Der Geheimbefehl der Zentralgewalt wurde in die ferne Provinz gesandt: Das Großreinemachen konnte beginnen.

Dem Bauern, der mit seiner Viehherde hin und her zog, erklärte man, er könne sie in Zukunft vom Fenster aus im Auge behalten. Durch welches Wunder das möglich sei? Man wolle seine verstreuten paar Hektar Land zu einem Stück in der Nähe seines Hofs zusammenlegen. Der Unterhändler, der auf dem Gesicht seines Gegenübers ein dankbares Lächeln erwartet hatte, gelangte schnell zu dem Schluß, daß man es diesen Leuten nie recht machen konnte. Würde das neugeschaffene Stück Land denn genausoviel hergeben wie das Weideland unten am Fluß? Ein bißchen weniger, aber zum Ausgleich biete man ihm ein paar Ar zusätzlich. Also mehr Fläche, die bestellt werden müsse, und mehr Arbeit für Erzeugnisse geringerer Qualität. Was springe dabei für ihn heraus? Und wem fiele bei diesem Tauschhandel das gute Weideland am Flußufer zu? Etwa dem Kerl, der schon seit langem ein Auge darauf geworfen hätte und sich so gut mit den zuständigen Behörden verstünde? An diesem Punkt der Verhandlung mußte der Gesandte der Republik einsehen, daß ihm nichts anderes übrigblieb, als unverrichteter Dinge wieder abzuziehen.

Die Streitigkeiten sorgten für böses Blut, ließen alte Feden wieder aufleben. Befürworter und Gegner der Flurbereinigung lieferten sich hitzige Wortgefechte, und in den Cafés, in denen die Meinungsverschiedenheiten ausgetragen wurden, ging es hoch her. Die harmloseste Schankstube verwandelte sich in das Pariser Café Procope zur Revolutionszeit. Eine neue Dreyfus-Affäre schien sich anzubahnen, trieb einen Keil in den Schoß der Familien und Gemeinden. Gerüchte machten die Runde: von einem, dessen Grundstückspreis sich verzehnfacht habe, weil er erreicht habe, daß eine Straße mitten hindurch führe; von einem anderen, der über den Tisch gezogen worden sei und sich daraufhin entschieden habe, Schluß zu machen. Womit, wußte man nicht genau, doch klang die Drohung mehr als unheilvoll. Um den Vormarsch des Eindringlings aufzuhalten, drohte man, sich am eigenen Zaun festzuketten. Es war nicht mehr zu zählen, über wie viele Leichen man würde gehen müssen. Ohne den Ausgang der Debatte abzuwarten, hatten sich die Planierraupen an die Arbeit gemacht.

Den ganzen Tag war auf dem Land das ohrenbetäubende Dröhnen der Maschinen zu hören, die bisweilen durchdrehten, wenn sie auf ein unvorhergesehenes Hindernis wie zum Beispiel eine hartnäckige Erdschicht stießen, und wie aus Wut darüber, daß sich ihnen etwas in den Weg stellte, ließen sie die Motoren aufheulen. In der Mittagspause dauerte es eine Weile, bis die Stille wieder von der Umgebung Besitz ergriff, als wollte sie sich, nachdem sie in tausend Stücke zerfetzt worden war, nur zögernd wieder einstellen. Das Ohr hatte sich derart an den Lärm gewöhnt, daß ihm das Schweigen zuerst befremdlich erschien und es sich ganz langsam wieder umstellen mußte, indem es sich am Gesang eines Vogels, am Rauschen des Windes, am Rascheln des Laubwerks oder am regennassen Zischen eines vorbeifahrenden Mopeds erfreute.

Die riesigen Schaufeln der Bulldozer fraßen willkürlich nie dagewesene Schneisen in die Landschaft. Um sie zu finden, brauchte man nur den parallel verlaufenden, an Reißverschlüsse erinnernden Spuren der Raupen zu folgen. Mühelos walzten sie Hecken nieder, ohne diese überhaupt wahrzunehmen, drückten voller Verachtung Gestrüpp platt, schoben Böschungen beiseite, so wie man mit dem Fuß einen Ameisenhaufen wegfegt, füllten Gräben und Viehtränken auf und ebneten Erdhügel ein, auf die sich ein paar neugierige Kühe so gern gestellt hatten, um einen besseren Blick über die Landschaft zu genießen.

Sogar die hohen, hochmütigen Eichen fielen dem Gesetz des Stärkeren zum Opfer. Die scharfe Kante der Schaufel schmiegte sich an die Borke, die Umdrehungen des Motors stiegen bis in den roten Bereich, und das massige Ungetüm stemmte sich mit aller Macht gegen den Baum. Vergeblich. Der Stamm gab nicht einen Deut nach. Voller Stolz auf sein legendäres Alter, legte er trotzige Unerschütterlichkeit an den Tag. Daraufhin bekam das Erdreich den Zorn der Maschine zu spüren. Das Beben der Schalthebel, senkrechter, mit einem Knauf aus schwarzem Bakelit bestückter Metallstäbe, übertrug sich auf den Körper des Mannes, der verkrampft den Steuerknüppel umklammerte. Die Raupen drehten durch. Unter dem Ansturm geballter Kraft begann das Geäst zu zittern. Zuerst glaubte man, dies sei nur eine optische Täuschung und es läge an den Wolken, die hinter dem Laubwerk vorbeizogen, wie es ja auch in manchen Nächten so aussieht, als würde der Mond hinter großen Wolken vorbeigleiten. Um diesem Irrtum entgegenzuwirken, entfaltete die Maschine noch mehr Gewalt, wie ein wütender Widder, der mit dem Gehörn grimmig seinem Opfer zusetzt, und schon bald mußte man sich den Tatsachen beugen: die Wolken zogen vorbei, und der Baum neigte sich. Jedoch stürzte er nicht zu Boden wie einer, der unter den Hieben einer Axt nachgibt, sondern krallte sich mit jedem weiteren Neigungsgrad um so verbissener mit den Wurzeln fest, denn er wollte sich nicht ergeben, und als sich die Wurzeln schließlich lösten, hielten sie einen Erdklumpen in den Fängen, gleichsam als Beweis dafür, daß man ihn, den Baum, gewaltsam der Muttererde entrissen hatte. Nach einem letzten triumphalen Schub der Planierraupe schlug er unter lautem Blätterrascheln, das vom Lärm des Motors übertönt wurde, zu Boden, und da lag er nun, Äste und Wurzeln zu beiden Seiten des Stamms von sich gestreckt wie ein symmetrisches Knochengerüst.

In Obstgärten herrschten bei dem Kampf von vornerein ungleiche Bedingungen. Obgleich zahlenmäßig überlegen, sollten die alten, in Schlachtordnung aufgestellten Apfelbäume es rasch bereuen, daß sie sich dem kühnen Krieger in der gelben Rüstung widersetzten. Die Maschine drehte sich auf dem Fleck, schlug eine Bresche nach der anderen in den Kreis der Angreifer – nach rechts, Majestät, nach links –, und die gemarterten Stämme wirbelten durch die Luft wie Strohhalme. Keine Apfelbäume mehr, keine Äpfel mehr, kein Cidre, keine privaten Brennereien. Man erzählte sich, daß die Fahrer der Planierraupen für jeden Baum, den sie umnieteten, eine Prämie kassierten, und stellte sich vor, wie sie die Flanken der gelben Ungeheuer mit Miniaturwäldern bemalten, so wie Piloten von Jagdbombern den Rumpf ihrer Maschinen mit den Kennzeichen der von ihnen abgeschossenen feindlichen Flugzeuge schmückten.

Nichts schien sie aufhalten zu können, diese planmäßig vorrückenden Horden, die im Namen der Vernunft eine neue Politik der verbrannten Erde betrieben. In großen Rastern ebneten sie das Land ein, lüfteten einen Schleier der von Mysterien umwobenen Bretagne nach dem anderen und enthüllten den Augen, die befremdet zur Kenntnis nahmen, wie weit ihr Blick mit einemmal reichte, ohne daß ihnen eine Barriere aus Bäumen die Aussicht verstellte, den nackten Boden des Arcoat, so wie die Soldaten Resa Pahlewis einst die Gesichter der persischen Frauen entblößt hatten, indem sie ihnen mit Gewalt den Schleier herunterrissen. Am Rand der ebenen Flächen wurde aufgehäuft, was bei den gewaltigen Erdarbeiten übriggeblieben war. Die riesigen Grabhügel aus Erde und Gestrüpp, die an Staubhäufchen erinnerten, wie Hausfrauen sie beim

Reinemachen vorübergehend auf der Türschwelle zusammenkehren, boten im Lauf der Jahre all jenen ein neues Zuhause, die von ihrem angestammten Platz vertrieben worden waren: Unkräutern, Brombeerbüschen, Stechginster und heimatlosen Vögeln, die ihrer geschwächten Gattung in diesen wilden Nistplätzen wieder kräftig Nachwuchs verschaffen konnten. Schrittweise Säuberung einer widerspenstigen Heimat. Die Unterjochung des Landes, die im Bett der kleinwüchsigen, hinkenden Herzogin Anne – zwei französische Könige hatten darin geschlafen – ihren Anfang genommen hatte, war vollbracht.

Gewöhnlich verändert nur der Krieg eine Landschaft so gewaltsam. Zwar kann die Geschichte in jenen Jahren durchaus mit einem aufwarten, doch fand dieser auf der anderen Seite des Mittelmeeres statt, und sein Echo klang nur gedämpft zu uns herüber. Hatten wir es etwa mit einer Druckwelle zu tun, ausgelöst vom Beben, das die Welt zwanzig Jahre zuvor erschüttert hatte? Oder, als Folge einer inneren Gesetzmäßigkeit dieses Jahrhunderts, das uns an Zerstörung gewöhnt hatte, mit einer Art anonymem, unüberschaubarem und in aller Heimlichkeit ausgetragenem Konflikt, einem Modell für Friedenszeiten, das trotz allem Opfer forderte? Letzten Endes wäre für uns alles leichter begreiflich gewesen, wenn wir einem Krieg, und sei es einem unblutigen, unseren im Alter von einundvierzig Jahren Verstorbenen hätten zuschreiben können.

In jenen Tagen der Heimsuchung behielt der Reisende den Kilometerzähler seines Wagens im Auge, denn es fehlte nicht mehr viel bis zum Stand von einhunderttausend, diesem symbolischen Äquator für Auto und Fahrer, die in genau zwei Jahren eine Strecke von der Länge des zweieinhalbfachen Erdumfangs zurückgelegt hatten, ohne einen einzigen Unfall oder eine größere Panne. Diese Umrundungen hatten etwas Besonderes an sich, mußte man sie sich doch eng wie auf einer Garnspule zusammengerollt vorstellen, und dies mutete in etwa so an, als hätte Magellan der Küstenfischerei gefrönt und nach all den auf See verbrachten Tagen der Welt nicht etwa eine berühmte Meerenge, sondern lediglich einen armseligen, tausendmal gelesenen Portulan beschert. Um die heldenhafte Leistung des 403 besser würdigen zu können, muß man den Wagen an seinen Vorgängern messen. Der graublaue Juva 4 in der Ausstattung, wie sie unmittelbar nach dem Krieg erhältlich war, ist zwar ein tapferes

Wägelchen gewesen – eine Art Schachtel auf Rädern, wegen der entbehrungsreichen Zeiten jedoch ohne Reifen erstanden, so daß man sich diese in der Folge im Tausch gegen Lebensmittelkarten und die Brille eines Panzerfahrers der amerikanischen Armee besorgen mußte –, doch war seine Straßenlage nicht viel besser als die einer Seifenkiste, und so hätte er wohl seine Mühe gehabt, wenn er wie sein Nachfolger, ein schwarzer, chromverzierter Lieferwagen des Typs 203, die zerklüftete Landschaft des Massif Central, die Straßen des Limousin, auf denen Unkraut den Asphalt bersten ließ, und die hohen Pässe der Pyrenäen hätte bewältigen müssen, in einer Zeit, als Papa auf einer ausgedehnten Rundreise, die die Hälfte Frankreichs und den wallonischen Teil Belgiens umschloß, sämtliche Grundschulen abklapperte, um Lehrtafeln für den Unterricht an den Mann zu bringen. Sie waren nach Themengruppen geordnet, von denen jede durch zehn Bilder veranschaulicht wurde: Anatomie (ein menschlicher Körper, seltsamerweise ohne Geschlecht, dafür aber mit Blick ins Innere), Naturwissenschaften, die Großen Erfindungen und Entdekkungen (von einem stark behaarten Menschen, der über einem Häuflein Laub einen Feuerstein hielt und daran kratzte, bis hin zu Pasteur, der den Erreger der Tollwut auf dem Boden eines Reagenzglases betrachtete), Geographie (hier gab es zwei Serien: Frankreich und Die Welt), Geschichte (der gesamte Michelet auf zwanzig Schautafeln: Vercingetorix mit seinem Schnurrbart in der Form eines napoleonischen Zweispitzes, Chlodwig und seine Taufe, Ludwig der Heilige, wie er zwischen zwei Kreuzzügen anderen die Füße wäscht, Jeanne d'Arc und ihre Ponyfrisur, Jeanne Hachette als blasser Abklatsch ihrer Vorgängerin, Ludwig XI. und sein kleiner, spitz zulaufender Hut, der wie ein Tragflügel aussah, Sully und die zwei Nährbusen Frankreichs, Ludwig XIV. in der Pose des mondänen Fechters, Fontenoy und seine Toten aus Höflichkeit, die Bastille und ihre Erstürmung, Bonaparte und die Brücke von Arcole, der Herzog von Aumale und die Sippschaft Abd el-Kaders, Gambetta und sein Ballon), nicht zu vergessen die biblische Reihe, die mit Blick auf die christlichen Schulen hergestellt worden war, in der Hoffnung, auf diese Weise einen neuen Absatzmarkt zu erschließen, doch war ihr trotz der äußerst keuschen Darstellung der Eva in der Manier der von ihrem Haar verhüllten Lady Godiva kein Erfolg beschieden, denn die rechtschaffenen Leute hatten den Verlag im Verdacht, mit den Kommunisten zu sympathisieren (manch einer hatte im Bildnis des bärtigen Moses, der mit wehendem Haar die Gesetzestafeln schwenkt, gar eine Ähnlichkeit mit Marx festgestellt und behauptet, mit den zehn Geboten seien in Wirklichkeit die Dogmen des dialektischen Materialismus gemeint und mit dem Gelobten Land nicht etwa Israel, sondern die Sowjetunion). So kam es, daß der Verleger der Lehrtafeln Pleite machte und Dutzende von Reproduktionen des roten Moses in unserem Gartenschuppen standen. Papa hatte mit ihnen sogar seine Werkstatt tapeziert. Unser von Ladenhütern umgebener Zimmermann hatte wirklich immer etwas zum Basteln.

Was mußte er so weit reisen, wenn doch nur so wenig dabei heraussprang? Oft war er wochenlang fort und schickte von unterwegs aus jeder Stadt, in der er Halt machte, eine Postkarte, und so entstand eine Sammlung, die seinen unsteten Lebenswandel widerspiegelte und gleichzeitig eine Art Logbuch mit Stichwortcharakter darstellte. San Sebastián und sein langer Sandstrand: »Schuhe sind in Spanien auch nicht billiger, außerdem regnet es«, Amiens und der Gemüseanbau auf den sumpfigen Böden (eine Schute mit flacher Bilge auf einem von Schilfrohr gesäumten Kanal): »Für mein großes Väterchen, weil er Boote so gern mag« (was ist das für ein Vater, der seinen Sohn Väterchen nennt?), das »Lächeln von Reims«, der Engel im Portal der Kathedrale, für seine Jüngste, die vor Lebendigkeit sprüht: »Der Engel ist zufrieden, er hat mir mit dem kleinen Finger zu verstehen gegeben, daß Du ein niedliches kleines Ding bist«, das Plateau von Millevaches, Hochebene der Tausend Kühe, für seine Große, die sieben Jahre alt ist: »Du kannst doch jetzt bis tausend zählen – wie viele Kühe sind auf dem Plateau?« (sie konnte die Karte drehen und wenden, wie sie wollte, nicht eine einzige Kuh entdeckte sie, weder in den Bäumen noch in den Wolken), zwei Postkarten aus Brüssel, eine von der Grand-Place, die andere vom Manneken-Pis, diesem kleinen schamlosen Kerl von nur fünfzig Zentimetern Größe, der nackt wie ein Wurm ist und vom Sockel herab in ein Bekken pinkelt: »Macht es ihm bloß nicht nach«, Rodez, Panoramaansicht der Stadt in Hektachromfarben, diesmal ist von Geld die Rede, von Geld, das er dort verdienen will (er will nicht nach Hause zurückkommen, bevor er den Umsatz gemacht hat, den er sich vorgenommen hat), von Geld, das er per Postanweisung schicken will und von dem ein Teil dazu verwendet werden soll, Herrn X zu bezahlen, und der andere, zwei Rechnungen, zu begleichen, die in seinem Arbeitszimmer in der Schublade liegen, diesmal schreibt er mit zarter Schrift und sehr persönlichen Worten, wie bekümmert er über die große Entfernung zu den Seinen sei, diesmal ist ihm der Kummer anzumerken, diesmal umarmt er innig seine Frau und seine drei Kinder, diesmal begreifen wir, daß ihn seine Arbeit umbringt, daß er ein besseres Leben verdient hätte und sich sein Leben nicht richtig eingerichtet hat, denn es war, als verwendete er all seine Kraft darauf, seine Zeit richtig zu nutzen.

Er hatte den Laderaum des 203 so hergerichtet, daß er die Schautafeln aufrecht und in schmalen Schienen, die er raffinierterweise an Decke und Boden angebracht hatte, hineinschieben konnte, und eigentlich war dies seine wahre Leidenschaft, dieser Drang, seine Erfindungsgabe in jeder nur erdenklichen Situation unter Beweis zu stellen.

Vielleicht hatte er die Stelle nur angenommen, weil es ihn gereizt hatte, eine Möglichkeit zu erfinden, die Bilder im Wagen unterzubringen. Kaum hatte er das Problem gelöst, blieb ihm nichts anderes übrig, als sich nach etwas Neuem umzusehen, und dabei verschlug es ihn nach Quimper, wo sich ihm ein Problem ganz anderer Art stellte: Wie mehrere Koffer unterschiedlicher Größe verstauen, und zwar nicht etwa in einem Lieferwagen (der 203 hatte seine Schuldigkeit getan und war an einen Maurer weiterverkauft worden, der damit ein gutes Geschäft gemacht hatte, wenn man bedenkt, daß das Auto zwanzig Jahre später noch immer durch Random und Umgebung fuhr), sondern in einem eleganten, viertürigen Personenwagen, der eben erst vom Band gelaufen war und im Gegensatz zu seinem Vorgänger nicht nach Arbeit roch.

Die »Glorreichen drei Jahrzehnte« waren angebrochen, die Geschäfte liefen gut, für das Nötigste war gesorgt, und so konnte man es sich erlauben, dem schönen Schein ein Opfer darzubringen. Und ein Opfer war es allemal. Mit der fließenden, ein wenig zu weichen Linienführung, den bewußt abgerundeten Kanten und Ecken, dem Armaturenbrett aus elfenbeinfarbenem Plastik und den rot und grün aufleuchtenden Kontrollampen hatte der Dyna etwas von einem Transistorradio, wie man es an den Strand mitnimmt. Alles, vom schlechten Wetter einmal abgesehen, schien dazu einzuladen, ein Badetuch daneben auszubreiten – was durchaus praktisch gewesen wäre, denn so hätte man nach ein paar Wochen, als der Wagen, kaum daß er eingefahren war, schon Öl und Schrauben verlor, ab und zu einen Blick unter das Chassis werfen können. Obendrein war der Dyna alles andere als geräuscharm, vielleicht hatten sich die Erfinder gesagt, daß ihm ein Motor, der schon von weitem zu hören war, eine sportliche Note verlieh – nicht umsonst montieren junge Leute den Auspuff ihres Mopeds ab, ducken sich über den Lenker und träumen, während sie mit der rechten Hand Gas geben, von unerreichbaren Geschwindigkeiten. Wie der Däumling ließ der Wagen unterwegs ein Teil nach dem anderen zurück, und es wurde immer aussichtsloser, sich im Innenraum zu unterhalten, denn der Motor, der nur so schepperte und rasselte, überdröhnte alles. Statt gegen den Lärm anzubrüllen, schauten wir uns lieber die Landschaft an. Unterwegs wies unser Fahrer wortlos mit einer Handbewegung auf allerlei Sehenswertes hin. Mal drehten wir den Kopf nach rechts: ein Menhir, ein Kalvarienberg, mal nach links: eine Schloßruine, ein Pferd, oder der Finger zeigte nach oben: ein Flugzeug. Die Erklärungen wurden bei einer Rast nachgeliefert. So so, es war also kein Flugzeug gewesen, sondern ein Segelflieger. Ein Segelflieger? Das sei ein Flugzeug ohne Motor, das von warmen aufsteigenden Winden getragen werde. Ohne Motor? Wir ließen uns mit dem Flieger in eine schwindelerregende Stille gleiten.

Es dauerte nicht lange, bis die schwere Last im

Kofferraum die Federung des Wagens geschafft hatte. Wir hätten einen Führer über den Zustand der bretonischen Straßen verfassen können, in dem Markierungssteine die üblichen Sterne und Gabeln ersetzen würden. All jene, die im Namen der Tradition gegen die Asphaltierung der gepflasterten Straßen protestierten, von denen es in der Bretagne noch mehr als genug gab, hätten sich nur ein einziges Mal in den Dyna zu setzen brauchen. Wenn er durch alte Städte fuhr, klapperte man die ganze Zeit mit den Zähnen.

Gerechterweise muß gesagt werden, daß nicht allein die schweren Koffer am schlechten Zustand der Stoßdämpfer schuld waren. Papas Marotte hatte ein übriges getan. Zu jener Zeit hatte er nämlich damit angefangen, ausgefallene Steine zu sammeln. Wenn er unter der Woche welche am Straßenrand entdeckte, hielt er an, nahm kleinere mit, wälzte größere in den Graben oder versteckte sie hinter einem Baum und verzeichnete ihre Lage nach seiner Rückkehr mit goldenen Nadelköpfen auf der Wandkarte, den einzigen, die im flachen Land aufragten. Manchmal brach die Familie sonntags auf, um die Steine mit vereinten Kräften zu bergen.

Unser Briefträger Cheval, dieser Baumeister aus Liebhaberei, trug sich mit hochfliegenden Plänen für unseren Garten, doch blieb ihm nicht die Zeit, sie in die Tat umzusetzen, und so begnügte er sich damit, seine Beutestücke im hinteren Teil des Gartens abzuladen, in der Hoffnung, das große Werk bald beginnen zu können. Er hatte ein paar Kreidezeichnungen von Felsen und Kaskaden angefertigt, die er im Zuge seiner Entdeckungen nach und nach vervollständigte. Einige Skizzen waren schon weiter gediehen. Seiner Felslandschaft, aus der eine Quelle hervorsprudeln sollte, war eine Höhe von zwei Metern zugedacht. Das Innere des steinernen Gebildes barg ein einfaches, doch ausgetüfteltes Leitungssystem im Stil der Heizungsrohre in unserem Zimmer und bildete die Verlängerung der Dachrinne des Gartenhäuschens, in dem unsere Tante Marie (genaugenommen war sie seine Tante) wohnte, wodurch die Vorrichtung mit Regenwasser gespeist werden sollte. Kraft des Prinzips kommunizierender Röhren müßte die Höhe des Wasserstrahls theoretisch dem unteren Dachrand entsprechen, doch wollte er den Dingen nicht recht trauen, und so hatte er, obwohl Regen am unteren Lauf der Loire nicht eben Mangelware ist, einen parallelen Wasserkreislauf vorgesehen, und zwar unter Nutzung des alten Brunnens samt der dazugehörigen Pumpe, die seit unserem Anschluß an das Versorgungsnetz nicht mehr benutzt worden war. Diese Wasserzufuhr wollte er aber nur gelegentlich hinzuschalten, wenn Schaulustige vorbeikamen, zum Beispiel, oder um Freunde zu begrüßen.

Zwei Goldfische warteten in einem Glas auf das ihnen versprochene Becken zu Füßen der Felslandschaft. Sie waren der Auslöser für sein Vorhaben gewesen, denn ihn überkam Mitleid, wenn er sie in der Beengtheit ihrer gläsernen Kapsel sah. Außerdem lag die Idee geradezu in der Luft. Eine neue Zeit war angebrochen, man huldigte dem Überfluß, und die aus Angst vor der Not angelegten Gemüsegärten wichen gepflegten Rasenflächen, verziert mit kleinen Engeln, blumenbepflanzten Wagenrädern oder den sieben zwergenhaften Gefährten Schneewittchens, die mit einer ihrer typischen Tätigkeiten zugange waren, wie etwa einen mit Fettpflanzen bestückten Kinderschubkarren vor sich herzuschieben. Geschickte Gärtner stutzten ihre Buchsbäume zu geometrischen Gebilden, und wer künstlerisch begabt war, schuf in der Pflanzenwelt wahre Skulpturen in der Form von Elefanten oder Flußpferden. Das Gesamtwerk mutete wie eine verweltlichte Krippe an, allerdings fehlte der Messias, um die Sache abzurunden.

Die Vorzeichen standen günstig für eine Flurbereinigung. Wer den Anfang gemacht hatte, ob Rasenmäher oder Behörden, war nicht mehr auszumachen, der Stein war jedenfalls irgendwie ins Rollen gekommen. Jeglicher Verdacht auf Dunkelmännertum und Rückschrittlichkeit, wie er ländlichen Gegenden anhaftet, sollte weggefegt, Lotterwirtschaft durch Arbeitsplanung, Schatten durch Licht und Schmutz durch Schnee, so rein wie Schneewittchen, ersetzt werden. Die Landbevölkerung gab die Losung aus: Wir sind keine Bauern mehr. Ich habe es vernommen, sprach ihr rettender Engel im Ministerium und walzte in ihrem Einvernehmen Felder und Wiesen platt. Von nun an seid ihr Landwirte.

Wir konnten daraus sogar einen Nutzen ziehen. Die mächtigen Planierraupen förderten Steine in Hülle und Fülle zutage. Unseren bedeutendsten Fund machten wir eines Sonntags unter den Resten, die bei den Aufräumarbeiten in der *finis terrae* übriggeblieben waren. Am frühen Nachmittag waren wir die Alignements, die Steinreihen von Carnac abgelaufen. Es war nicht das erstemal, daß unser Le Nôtre Anregungen bei den Garten- und Landschaftsarchitekten der Jungsteinzeit suchte. Wenn ihn seine Reise an jenem Ort vorbeiführte und er ein wenig Zeit übrig hatte, konnte es durchaus geschehen, daß er anhielt, eine Weile zwischen den Menhiren auf und ab ging, sich auf einen umgekippten Stein setzte, sein Päckchen Gitanes herauszog und nachdenklich eine Zigarette rauchte, deren eines Ende er mechanisch auf seinen Daumennagel geklopft hatte, um den Tabak zusammenzupressen. Er meinte sich eins zu fühlen mit den hohen, von der Zeit und den Unbilden des Wetters zerfressenen Stelen. Frischte der Wind auf, schlug er den Mantelkragen hoch und fuhr sich dann und wann mit der Hand durchs Haar, bis ihn der Nieselregen dazu bewog, doch besser zum Wagen zurückzugehen. Eine Weile saß er da und betrachtete die Vögel, die über dem Meer dahinglitten, die flatternden Spatzen im Geäst der Bäume; er versuchte, den Kopf himmelwärts gereckt und bisweilen eine Qualmwolke ausstoßend, das nicht zu entschlüsselnde Rätsel dieser gesichtslosen Bildhauerkunst zu lösen. Da er sich entsprechende Unterlagen beschafft hatte, war ihm bekannt, daß man über dieses Thema nicht allzuviel wußte, und so kam es, daß er über den gleichen Kenntnisstand verfügte wie die herausragendsten Experten für megalithische Baukunst. Für einen Autodidakten, dessen Theorien unweigerlich von der Autorität der Fachgelehrten in die Schranken verwiesen werden, ist dergleichen ein Glücksfall. Ungestraft konnte er die Gedanken schweifen lassen. Was die Bedeutung der Steinformationen anbelangte, so gab es unterschiedlichste Hypothesen, von den ernsthaftesten bis hin zu den phantastischsten, wobei er derjenigen, die besagte, daß es sich um Landepisten für Raumschiffe vom Mars handelte, keinerlei Glauben schenkte, sondern sich vielmehr von der Hypothese eines kosmischen Kalenders angezogen fühlte, der dazu gedient haben soll, die Erntezeit zu bestimmen und den Geburtstag des jeweils herrschenden Fürsten zu feiern, eine Art riesiger Almanach also, dem nur die in den Stein geritzten Namen von Heiligen sowie ein paar Anleitungen zur Gärtnerei und Hinweise dazu fehlten, wie man die Granitblöcke behauen und zu steinernen Bouquets arrangieren sollte. Wenngleich etwas sperrig und unhandlich, hatte dieser offensichtlich für die Vögel bestimmte Tageskalender – man konnte ihn nur vom Himmel aus konsultieren – zumindest den Vorteil, daß er der Träumerei schier unendliche Horizonte eröffnete, aber auch einem Menschen mit mathematischem Talent zur vollsten Befriedigung gereichte, und diese Gabe besaß Papa zweifellos. Man bedenke nur, mit welcher Leichtigkeit er knifflige Rechenaufgaben löste, die wir von der Schule mit nach Hause brachten. Seine Deutung Carnacs stellte die Welt als verschlüsselte Allegorie dar. Alles war gesagt, angekündigt, codiert: Man brauchte nur nachzumessen. Mit dem Bandmaß, das er stets bei sich trug, um den Durchmesser von Gläsern und Blumentöpfen zu überprüfen, hatte er den Abstand zwischen mehreren Menhiren bestimmt, die angeblich, fünftausend Jahre vor dem Meister, in ihrem idealen Verhältnis zueinander den Lehrsatz des Pythagoras darstellten: drei zu vier zu fünf. Doch die Ergebnisse waren ihm allzu zufällig erschienen, als daß man mit ihrer Hilfe genau den Tag und die Uhrzeit der nächsten Sonnenfinsternis hätte voraussagen können. Einmal hatte er sich sogar dazu verstiegen, in der Heide von Kermario am Tag der Sonnenwende im Juni den Sonnenaufgang mitzuerleben. Der Aussage gelegentlicher Frühaufsteher, Möchtegern-Druiden und moderner Jünger des ägyptischen Sonnengottes Ra zufolge wanderte der erste Strahl haargenau an einer Steinreihe entlang, bevor er mitten hinein wies in einen Kromlech, der, da er wie das Loch im Heiligen Grab den Mittelpunkt der Welt versinnbildlichte, die neue Bezeichnung »tellurisch-axialer Punkt des Universums« erhielt. Doch da derselbe Strahl an mehreren Orten erwartet wurde, gleichzeitig über das »Grab der Händler« hinweggleiten, den Tumulus von Gavrinis durchbohren und auf die Spitze eines bestimmten großen Menhirs zeigen sollte, war von vornherein klar, daß nicht jeder auf seine Kosten kommen würde. Am Vorabend war der Himmel bedeckt, und als Papa mitten in der Nacht in seinem kleinen Hotelzimmer in der Nähe von Auray hörte, daß es regnete, schaltete er klugerweise den Wecker aus und beschloß weiterzuschlafen.

Besucher wurden in Carnac von einer Traube Kinder empfangen, die sich um sie drängten und ohne Vorwarnung anfingen, einen weinerlichen Singsang zu leiern, von dem nicht ein Wort zu verstehen war. Ihre Stimmen klangen eintönig und gehetzt zugleich, als würden sie Artikel des Katechismus oder ein abgedroschenes Märchen herunterbeten, und am Ende der schier endlosen Sätze brachten sie nur mehr ein Flüstern heraus, so daß die kleinen Prediger geräuschvoll Luft holen mußten, um die Worte des folgenden Satzes gleichsam in sich hineinzusaugen. Was hatte das zu bedeuten? Das sollte man erst viel später erfahren: Es handelte sich um die Legende von St. Cornély, der, von römischen Legionen verfolgt, seine Rettung dem Einschreiten des Herrn verdankte, da dessen heiliger Atem die Krieger des angreifenden Heeres in steinerne Statuen verwandelte. Die damalige Regierung dachte nicht daran, sie heimzuholen, wie man es mit gefallenen Soldaten eigentlich zu tun pflegt, und dazu kann man sich nur beglückwünschen, denn zum einen wäre die Überführung eine heikle Angelegenheit gewesen, und zum anderen hätte es das Ende für Carnac bedeutet. Jetzt mochte man die Ohren allerdings noch so sehr spitzen, um die eine oder andere verständliche Silbe aufzufangen und zu einem Wort zusammenzufügen – dies war genauso schwierig, wie Cäsar seine Legionen wiederzugeben und sich Gottes versteinernden Atem auszumalen. Unversehens verdichtete sich das Geheimnis um die aufgerichteten Steine noch mehr, und eine weitere Frage drängte sich auf: Welche Sprache sprechen sie da? Eine Mundart aus Auray? Gälisch, wie es einst in der Gegend von Vannes gesprochen wurde? Protogälisch? Vulgärlatein? Küchenlatein? Niederbretonisch? Operettenbretonisch? Jedenfalls klang es wie ein unverständliches Kauderwelsch. Wer weiß, vielleicht hatte der gespenstische Ort die kleinen Barden verzaubert, und sie waren von Geistern besessen. So ähnlich, wie ein Medium bei spiritistischen Sitzungen auf geheimnisvolle Weise sogar Tische zum Sprechen bringt, erklang aus ihren Mündern die Originalsprache jener Baumeister alter Zeiten, gleich einem verzögert von den steinernen Wänden zurückgeworfenen Echo. Wie dem auch sei, den Kindern mangelte es jedenfalls nicht an Schlagfertigkeit, und kaum hatten sie ihre Leier beendet, hielten sie dem Besucher in bester »Vergessen-Sie-nicht-den-Reiseführer«-Manier die hohle Hand hin. Also öffneten die Väter ihr Portemonnaie und kramten lustlos nach einer Münze, die ihnen für den gesungenen Teil, also die musikalische Untermalung, angemessen schien. Von dem, was uns eigentlich interessiert hätte, nämlich ein paar aufschlußreiche Worte, hatten wir allzu wenig abbekommen. Jemand meinte, es sei wie in der Oper, dort verstehe man den Text ja auch nie, doch das sei ganz gut so, wenn man bedenke, wie seicht die meisten Dialoge seien. Die Empfindungen würden ohnehin schon durch die Musik ausgedrückt. Wandte man dies auf unsere kleinen Sänger an, deren monotone Stimmführung nichts von der Tiefe ihrer Gefühle durchscheinen ließ, so lag der Schluß nahe, daß die Baumeister jenes unwirtlichen Zeitalters zwar einen Sinn fürs Solide, jedoch auch ein Herz aus Stein hatten.

Mehr war nicht in Erfahrung zu bringen. Jeder versuchte, sich selbst ein Bild zu machen, während er die Alleen entlangschlenderte, und es waren die Kinder, die eine Lösung des Rätsels andeuteten, indem sie überall herumkletterten, wo es nur ging. Unser Raumgestalter verwies auf die Ausmaße der Steine, auf die Schwierigkeit, solch beachtliche Massen manchmal über mehrere Kilometer fortzubewegen. Mit den Menhiren sei es wie mit Eisbergen: man dürfe den Teil nicht vergessen, der sich unter der Erde befände und den Block im Gleichgewicht halte. Ihm lag sehr daran, uns vor Augen zu führen, was man nicht sah, denn zum einen eröffnet Unsichtbares einen Blick auf die Unendlichkeit, und zum anderen wäre es uns sonst noch schwerer gefallen, uns für die Sache zu begeistern. Nach all den Erzählungen unseres großen Begleiters hatten wir ein Feld voller Eiffeltürme erwartet, Wolkenkratzer aus behauenem Stein, doch hier gab es nur eine Handvoll Granitblöcke, die knapp die Vier-Meter-Marke erreichten. Da konnten wir von Glück sagen, daß wir so klein waren.

In Carnac ist nichts improvisiert. Dort ging es nicht zu wie in Städten, die immer reicher wurden, wie Venedig oder Amsterdam, wo Kaufleute und Bankiers über Jahrhunderte ihrer Phantasie freien Lauf lassen konnten und ständig darin wetteiferten, schöner, größer und protziger zu bauen. Carnac hingegen lag ein Entwurf zugrunde, der von Anfang bis Ende durchgehalten wurde – innerhalb kurzer Zeit. Hätte die Arbeit sich über Jahrzehnte hingezogen, wäre der ursprüngliche Plan wie beim Bau einer Kathedrale hundertmal abgewandelt worden. Das Rezept ist einfach: Männer, die zupacken können, ein tüchtiger Vorarbeiter, ein begnadeter Baumeister und ein tyrannischer Fürst. Das ist alles. Die nur ein paar Schritte von der Küste entfernt gleich einem Schutzwall gegen Flutwellen und den tobenden Meereswind in regelmäßigen Abständen aufgerichteten Steine sind in elf bis dreizehn Reihen angeordnet, und ihre Größe nimmt von West nach Ost ab. Wären sie hohl, könnte man sich vorstellen, sie ineinander zu schachteln wie russische Puppen.

Viele von ihnen sind im Lauf der Zeit verschwunden: sie sind zerkleinert oder wiederverwendet worden, haben in Seitenwänden von Fischerkaten oder als Rainsteine von Viehweiden einen neuen Platz gefunden – die kleinsten am Ende der Reihen zuerst, denn sie waren am einfachsten zu transportieren. Hätte man das Prinzip der sich verringernden Größe konsequent eingehalten, dann wäre der letzte Stein in jeder Reihe gerade mal so groß wie ein Sandkorn gewesen, so daß sich die Steinalleen zum Ende hin auflösen und schließlich eins mit Mutter Erde würden, oder sie hätten, von Osten aus betrachtet, mit einem körnchengroßen Stein begonnen, wären erst in eine Art steinerne Baumschule übergegangen und, je weiter man nach Westen der sinkenden Sonne entgegenwanderte, zu einem Wald aus Riesen geworden. An der Stelle des theoretischen Sandkörnchens stießen wir im niederen Gras neben ein paar wild wachsenden Nelken, wie sie an den Ufern des Atlantik vorkommen, auf einen toten Vogel: Sein kleiner Körper war ausgezehrt, der Hals nackt, als hätte der Tod ihm den flauschigen Schal geraubt. Auf dem Auge hatte er einen bläulich-weißen Hornhautfleck, der Schnabel stand einen Spalt offen, und die Fadennudelbeinchen waren geknickt wie das Gestänge eines zerbrechlichen Sonnenschirms. Ein Windhauch hob sacht die paar Federn, die noch am zarten Knochengerüst des Flügels klebten.

Papa ging neben dem winzigen Kadaver in die Hocke, wohl um ihn aus der Nähe zu betrachten, und dabei setzte er eine so andächtige und zugleich mitleidige Miene auf, daß wir seinem Beispiel folgten und einen Kreis bildeten. Nur Maman blieb stehen. Wir hofften auf ein Wunder, wie nur ein kindliches Gemüt es sich ausdenken kann, denn wir waren überzeugt, daß er der winzigen Brust mit seinem Atem Leben einhauchen könnte, so daß sich der kleine Körper straffen würde, die Flügel wieder zu schlagen anfingen und den wiederauferstandenen Vogel zum Himmel emportrügen. Wie bei Öffnung des Grabes der Glückseligen stieg auch von diesen paar Gramm verwesenden Fleisches der zarte, süßliche Geruch von Nelken auf. Diese duftende Botschaft erfüllte uns mit Hoffnung und Trost.

Plötzlich hob Papa den Kopf, und sein Blick wanderte an einer Steinallee entlang, die in sanfter Steigung der untergehenden Sonne entgegenführte. Er stützte die Ellbogen auf die Knie wie ein Fußballspieler in der vordersten Reihe, wenn die ganze Mannschaft für ein Foto posiert, und schien im Geiste dem Flug des Vogels über die Steinreihen hinweg zu folgen. Bald schon zwang ihn das goldene Sonnenlicht, den Blick zu senken. Er nickte nachdenklich, und als hätte er das Gefühl, er habe uns zu lange uns selbst überlassen, teilte er uns seinen Eindruck mit: »Irgendwie hat es doch etwas von einem Friedhof.«

Mit diesen Worten erhob er sich und zwinkerte uns zu, um unsere Aufmerksamkeit auf sich zu lenken. Er zog das Bandmaß aus der Tasche, vermaß den Abstand zwischen den beiden letzten Menhiren in der Reihe, verlängerte sie um eben diesen Abstand und markierte den Endpunkt mit der Schuhspitze, ging dann erneut in die Hocke, scharrte mit Hilfe seines Taschenmessers aus rostfreiem Stahl, das er immer dabei hatte und das mit zwei Klingen, einem

Dorn und einem Korkenzieher ausgestattet war, an der ermittelten Stelle ein faustgroßes Loch, schnitt aus seinem Zigarettenpäckchen ein rechteckiges Stück Karton heraus, schob dieses unter den toten Vogel und legte ihn mit der Behutsamkeit eines Porzellanhändlers in das kleine Grab. Da er die Zigaretten nun ohnehin lose in der Tasche trug, entfernte er auch noch das Silberpapier, das sie umgab, und deckte das Vögelchen mit dem luxuriösen Leichentuch zu.

Rasch blickte er sich um, entdeckte am Feldrand zu Füßen eines Ginsterbusches einen Stein, hob ihn mit aller Kraft hoch, trug ihn mehrere Meter weit, richtete ihn über der behelfsmäßigen Grabstätte auf und vollendete somit sein Werk wie ein Totengräber ferner Zeiten.

Schweigend wohnten wir der Bestattungszeremonie bei, und ohne daß wir auch nur ein Wort miteinander wechselten, war uns klar, daß wir in diesem Augenblick alle an den Erdhügel hinten in unserem Garten denken mußten, unter dem unser letzter Hund begraben lag, ein Prachtexemplar von einem Schäferhund, dessen Liebe allein uns gegolten hatte. Zu Lebzeiten lag er immer auf der Fußmatte hinter der Ladentür, und kaum ließ man ihn allein, schlug er alle Kunden in die Flucht: Dazu brauchte er sich nur zu erheben und den Kopf einzuziehen, so daß die Schulterblätter hervortraten. Wich der Betreffende dennoch nicht vom Fleck, rundete ein tiefes Knurren die Drohung ab. Allein, schon ein Wort wirkte Wunder: Kaum rief man seinen Namen, verzichtete er auf die Drohgebärde und streckte sich wieder träge auf dem Abtreter aus. Wer ihn kannte, öffnete die Tür vorsichtig einen Spaltbreit und rief mit zaghafter Stimme: »Varus«, und manchmal kam er sogar von sich aus näher, weil er sich eine Liebkosung erhoffte. Wie stolz waren alle, die dieser große Hund mit dem wolfsähnlichen Aussehen in den Kreis seiner Günstlinge aufnahm. Erleichtert versenkten sie die Finger in seinem dicken Fell, tätschelten dem schönen Tier die Flanke oder kraulten seine Kehle, was sie allerdings eine ordentliche Portion Überwindung kostete. Unangenehm war die Sache nur fürs Geschäft, denn neue Kundschaft fand sich nicht so ohne weiteres ein, und ohnehin bestand sie damals überwiegend aus Einheimischen, die Gruppe von Zigeunern, auch Bohémiens genannt, nicht zu vergessen, die sich auf einem unbebauten Gelände nahe der Ortschaft niedergelassen hatte. Die Frauen in ihren bunten, längst aus der Mode gekommenen Kleidern riefen, schon wenn sie die Tür öffneten: »Halten Sie Ihren Hund fest«, und während sie allerlei Verwünschungen ausstießen, schoben sie sich ein paar Nippes, die sich in ihrer Reichweite befanden, unter die dicken Unterröcke, allerdings nur um der Freude an der Geste willen, denn nicht selten fanden wir die Gegenstände in einem Straßengraben wieder, in den die Frauen sie mit einer so herzhaften Geringschätzung geworfen hatten, daß wir sie als Beleidigung für unser schönes Porzellan empfanden.

Mit unserem Zerberus vor der Tür war unser Haus gut bewacht. Als Varus älter wurde, ließ sein Verstand in dem Maße nach, wie er den Kreis derer, denen er seine Liebe schenkte, enger zog. Da sie nicht bei uns im Haus wohnte, spielte unsere alte Tante Marie in seiner Gefühlswelt nur eine Nebenrolle. Das Häuschen im Garten verlieh ihr den besonderen Status eines Dauergastes. Sie mußte sich dem großen Hund zwar nicht zu erkennen geben und konnte ungehindert ein und aus gehen, ohne das Schlüsselwort sagen zu müssen, doch brachte sie sich durch die ungeschickte Art, die sie Tieren ebenso wie Kindern gegenüber an den Tag legte, selbst ins Abseits. Eines Nachmittags im Spätsommer wollte sie uns zu einem Picknick auf dem Land abholen, doch der große Hund, dem sie zu verstehen gab, er müsse zu Hause bleiben, duldete nicht, daß man ihm auf diese Weise die Kinder entführte, für die er sich verantwortlich fühlte, und als wir uns bereitmachten, sprang er die alte Lehrerin an und biß sie in den Arm.

Die Rückkehr unseres verantwortungsbewußten Vaters hatte tragische Folgen. Unsere kleine Tante, die den Arm in einer Schlinge trug, spielte die Angelegenheit zwar herunter und beteuerte, es sei nicht weiter schlimm, nur ein paar Stiche, schon sei die Wunde genäht gewesen, und ehrlich gesagt habe sie überhaupt nichts gespürt, doch er ging nach oben, holte aus der Kommodenschublade seine Kriegswaffe, mit der er eine deutsche Straßensperre durchbrochen hatte – eine berühmte Episode in der Familienmythologie –, und führte den Hund in den hinteren Teil des Gartens.

Später erzählte er jedem, der Ohren hatte zu hören, der Mut habe ihn verlassen und sein Arm sei herabgesunken, als ihn das Tier flehentlich anblickte, denn in den dunklen Pupillen, mit denen der Hund ihn fixierte, habe die ganze Verständnislosigkeit der Welt gelegen, als wollte er sagen: So, das ist also der Lohn für all die Liebe, die ich euch gegeben habe. Doch dann habe sich das Unverständnis in Wut verwandelt, der Blick sei grimmig geworden, der Hund habe die Zähne gefletscht, das Knurren sei immer weiter angeschwollen, und in dem Augenblick, als das Tier sich auf ihn stürzen wollte, habe sich seine Hand fest um die Waffe geschlossen und den Abzug gedrückt. Der Knall hallte zwischen den hohen Ziegelmauern wider. »Tres de mayo« in unserem Garten. Die Waffe, die im Krieg geschwiegen hatte, zählte nun ihr erstes Opfer.

Nach der feierlichen Beerdigung des Vogels gingen wir zurück zum Auto. Papa öffnete den Bretagne-Führer auf der Seite, die den Alignements gewidmet war, und da dort von 874 Menhiren die Rede war, zückte er den Kugelschreiber, strich die Zahl durch und schrieb 875 darüber. Dann drehte er sich zu uns um und zwinkerte uns zu.

Die nächste Reise kam für den Dyna einem Todesurteil gleich. Diesmal hatte uns unser Steinesammler eine Überraschung in Aussicht gestellt, und seither umgab den goldenen Nadelkopf, der mitten im Herzen der Bretagne steckte, ein geheimnisvoller Nimbus. Soweit wir erkennen konnten, war an jener Stelle auf der Karte, abgesehen von den roten Nationalstraßen, den gelben Departementstraßen und den von einer grünen Linie gesäumten Routen von touristischem Interesse nichts Sehenswertes eingezeichnet. Es handelte sich offenbar um einen beliebigen Ort auf dem flachen Land, unweit einer von einem Fluß, dem Blavet zweifellos, beschriebenen Haarnadelkurve, in einer Gegend, wo der Untergrund aus Granit die Wasserläufe zu bisweilen eigenwilligen Umwegen zwingt. Um die Mittagszeit machten wir auf halber Strecke in einem ihm bekannten Restaurant halt, wo er unseren Besuch vorsorglich angekündigt hatte und wo man uns ein Mahl auftischte, das weniger der Tageskarte als vielmehr seinen Vorlieben entsprach. Den Gästen am Nachbartisch, die ein begehrliches Auge auf unsere Mousse au Chocolat warfen, beschied man skrupellos, Mousse gebe es nicht. Man hielt ihnen die Karte unter die Nase: »Pflaumenkuchen, Apfeltorte, Eis – wo steht hier was von Mousse au Chocolat?« Derartige Gefälligkeiten waren uns jedoch eher unangenehm, bedeuteten sie doch, daß es Frauen gab, die unter der Woche voller Eifer seine Wünsche zu erfüllen suchten, zahllose Köchinnen, die ihm auf seiner Fahrtroute seine Lieblingsgerichte zubereiteten, während wir gedacht hatten, daß diese Rolle allein Maman zustand. Wo immer er mit uns auftauchte, wurden wir empfangen wie der Kaiser höchstpersönlich samt Gemahlin und kleinen Prinzen. Es schien ihm Freude zu machen, uns vorzustellen und uns an seiner Berühmtheit teilhaben zu lassen, denn er war überzeugt, daß sie auf uns abfärbte, und damit hatte er recht, wie wir nach seinem Tod feststellen sollten, wenngleich uns daraus keinerlei Nutzen erwuchs. Im Moment stand uns der Sinn allerdings weniger nach Gunstbezeugungen als vielmehr nach Anonymität. Denn alles, was dazu beitrug, ihn zu einem »vorbildlichen Menschen« zu machen – Charakterstärke, Gutgelauntheit und Wortwitz –, führte uns nur vor Augen, wie schwer es war, in seinem Schatten groß zu werden. Für andere war er jemand, auf dessen Rückkehr man wartete, eine Verheißung des Frühlings, ein Zugvogel. Für uns war er der Herr im Haus.

Um das Leben nachzuvollziehen, das er unter der Woche fern von uns führte, standen uns lediglich die Namen zu Gebote, mit denen er seine Erzählungen ausschmückte: Namen von Menschen, Orten, Hotels, und da wir nichts Näheres über sie wußten, nahmen sie in unseren Augen eine mythische Dimension an. Er war der Herrscher in einem Reich phantastisch klingender geographischer Begriffe: Pont-Aven, Vannes, Quimper, Péaule, Roscoff, Rosporden, Landivisiau, Hennebont, Loudéac. Das kleinste Dorf erhielt in seinem Mund einen exotischen Beigeschmack. Auch wenn wir mit ihm auf Reisen waren, dauerte diese Illusion an, als verliehe allein schon seine Anwesenheit den Dingen eine größere Bedeutung. Dennoch entging uns nicht, daß die Städtchen, durch die wir fuhren, Langeweile und Traurigkeit atmeten, die Hotels mehr als bescheiden waren und die Kochkünste der Wirtinnen nicht immer mit denen von Maman mithalten konnten.

In den Unterkünften, in denen wir abstiegen und wo man uns dieses gewisse Zuviel an Gastfreundschaft entgegenbrachte, das uns das Gefühl gab, etwas Besonderes zu sein, teilte man uns vertraulich – der beste Beweis dafür, daß er nichts zu verheimlichen hatte – ein paar Bruchstücke aus seinem Nomadenleben mit. Kaum ließen wir uns das Dessert schmecken, trat der jeweilige Informant an unseren Tisch und erkundigte sich: »Alles in Ordnung?«, wobei seine Stimme um so selbstbewußter klang, je besser er uns nach seiner eigenen Einschätzung bewirtet hatte. Er beschrieb uns unseren Vater als einen außergewöhnlichen Menschen, der an manchen Abenden des Diskutierens nicht müde wurde, mehrere Tische ins Gespräch mit einbezog, Außenseiter einlud oder gar vorschlug, eine Partie Karten zu spielen, während er an anderen Abenden frühzeitig nach oben auf sein Zimmer ging, um sein Auftragsbuch auf den neuesten Stand zu bringen oder, falls er dafür zu müde war, einfach zu lesen. Uns wurde bestätigt, was wir bereits wußten, nämlich daß er politischen Diskussionen aus dem Weg ging. Wagte dennoch einmal jemand, ihn nach seinen Ansichten zu fragen, erwiderte er: »Meine Politik heißt Sport«, was weniger ein Glaubensbekenntnis war als vielmehr eine elegante, ausweichende Art, Debatten im Keim zu ersticken, in denen manch einem das Temperament durchgeht und bisweilen selbst bewährteste Freundschaften zerbrechen. Meinungsverschiedenheiten bog er unbeirrbar mit einem »Es gibt Besseres zu tun« ab. Das war unser Vater, wie er leibte und lebte, denn sein ganzes Leben hatte er immer etwas getan: Er hatte Möbel gezimmert (das erste mit zwölf Jahren), eine Laterna Magica gebaut, um seine Freunde damit zu erfreuen, wozu er auf Butterbrotpapier mehrere von Bicots Abenteuern abpauste und die Sprechblasen mit neuen Texten versah, er hatte zusammen mit Flip, einem schwarzweiß gescheckten Rattenpinscher, Begleiter seiner Jugendjahre, Kunststückchen vorgeführt (es gibt ein berühmtes Foto von einer äußerst witzigen Darbietung, auf dem beide, Sonnenbrille auf der Nase und Zigarette im Mundwinkel, gemeinsam Zeitung lesen), Kinder in die Welt gesetzt (fünf an der Zahl, vier lebendgeborene, von denen drei überlebten), Kilometer abgespult (fünfzigtausend im Jahr) und Vereine gegründet. Mit dreizehn war er bereits Schatzmeister des Gemeindevereins von Random, an dessen Gründung er und seine Freundesclique mitgewirkt hatten. »Die Clique« – so betitelte er später ein Foto, auf dem eine ausgelassene Gruppe junger Männer vor der Kamera posiert, die einen in kurzen, die anderen in langen, bis zu den Knien hochgekrempelten Hosen, und alle rangeln um einen Lederball. Er selbst, in einem Straßenanzug und mit Krawatte, steht im Hintergrund und hält, mit einer Eleganz wie James Bond seinen Revolver, eine Zigarette zwischen den Fingerspitzen. Er lächelt belustigt, scheint glücklich darüber, daß er zu diesem gelungenen Augenblick beigetragen hat. Mit der runden Intellektuellenbrille sieht er aus, als hielte er sich von der allgemeinen Fröhlichkeit bewußt fern oder als fürchte er, sie könnte im turbulenten Treiben zu Bruch gehen. Laut Datum auf der Rückseite des Fotos ist er sechzehn Jahre alt und nicht mehr weit von einem Meter sechsundachtzig entfernt, so daß er die anderen um fast einen Kopf überragt.

Ob der elegante junge Mann mit der Zigarette wohl darunter litt, daß er nicht so recht in diesen ländlichen Erdenwinkel paßte, in dem er das Licht der Welt erblickt hatte? Ob er sich vorsätzlich

Freunde suchte, um sich vom Gegenteil zu überzeugen, und seine umfassende Begabung nur widerwillig in den engen Rahmen hineinzwängte, den das Leben ihm gesteckt hatte? Sagte ihm sein Verstand vielleicht bisweilen, daß ihm möglicherweise ein verheißungsvolleres Schicksal zuteil geworden wäre, wenn er bei der Geburt, dieser Zufallslotterie, und im Leben selbst ein wenig mehr Glück gehabt hätte? Wenn man ihn so betrachtet, ertappt man sich dabei, wie man sich für den gutaussehenden, tatkräftigen jungen Mann eine erfolgreiche Zukunft ausmalt, jetzt, da das Münchener Abkommen die dunklen Schatten verscheucht hat, das Gespenst des Krieges in immer weitere Ferne rückt und der Friede für die nächsten tausend Jahre gesichert ist. Am wichtigsten scheint ihm jedoch, daß er nicht alleine ist. Manch einer erinnert sich noch schmerzlich daran, daß er es nicht duldete, als Einzelkind behandelt zu werden – bei solchen Gelegenheiten konnte es schon mal vorkommen, daß er von seinen Fäusten Gebrauch machte. Bedachte man, daß seine Brüder und Schwestern bei der Geburt oder in allzu jungen Jahren gestorben waren, so mochte ihm diese Bezeichnung wie eine Schmähung erscheinen, wie ein Vorwurf, daß er das Massensterben seiner Geschwister überlebt hatte. Fühlte er sich so sehr als Waise, daß er sein Leben lang den Wunsch verspürte, in einer Familie aufzugehen? In späteren Jahren sollte er eine Theatergruppe gründen, deren denkwürdige Aufführung der *Drei Musketiere* im besetzten Random den krönenden Abschluß bildete. Auch hatte er eine Wiedersehensfeier für alle »Vierziger« organisiert, und damit alle aus seiner Altersklasse teilnehmen konnten und niemand ausgeschlossen bliebe, nicht einmal die am wenigsten Vorzeigbaren wie eingefleischte Alkoholiker oder halbe Landstreicher, hatte er den ärmsten unter ihnen aus eigener Tasche Anreise und Verpflegung bezahlt, André und seiner Frau, zwei verkrachten Existenzen und zugleich wunderbaren Menschen, die bei einer Entziehungskur in der Heilanstalt von Pont-de-Pitié nicht nur einander, sondern obendrein Trost in der Liebe gefunden hatten und auf dem Erinnerungsfoto, auf dem alle frischgebackenen »Vierziger« versammelt sind, Hand in Hand neben ihm stehen, wobei die beiden zweifellos älter aussehen, als sie sind – die Jahre der Not zählen doppelt. Doch sie strahlen, André, im karierten Hemd und mit Sturmfrisur, nimmt eine väterlich-verantwortungsbewußte Pose ein, Odette lacht kokett übers ganze Gesicht und entblößt dabei ihr lückenhaftes Gebiß, und im Ausschnitt ihres Jerseykleids, das so abgetragen ist, daß der Saum unterhalb der Knie durchhängt, baumelt ihr vermutlich einziges Schmuckstück, ein Kommunionskreuz. Bei einem solchen Anlaß scheuen auch die Ärmsten der Armen keine Kosten, und beide sind sie stolz darauf, daß der Große Joseph ihnen Respekt entgegenbringt, sie unter seine Fittiche nimmt, anerkennt und gewissermaßen adoptiert, kurzum zur Familie zählt. Er, der die beiden um einen Kopf überragt, trägt den

Hemdkragen offen, was ihm ein lässiges Aussehen verleiht, und auf seinem Gesicht liegt genau das Lächeln wie vierundzwanzig Jahre zuvor, nur wirkt es weniger verhalten, als hätte er beschlossen, daß genau hier, im Kreis der anderen, sein Platz ist – außerdem denkt er zur Zeit über das Angebot des Leiters des kleinen Spitals von Random nach, der ihm, da er selbst kurz vor der Pensionierung steht, die Nachfolge angetragen hat. Es war wohl eines der letzten Male, daß man ihn so lächeln sah, und es war ein Lächeln, dem selbst sein Leiden nichts anhaben konnte.

Nach der Mousse au Chocolat stiegen wir wieder in den Dyna und fuhren nach Malestroit, wo wir an alten Fachwerkhäusern aus der Zeit der Gotik und der Renaissance entlangschlenderten, deren mit grotesken Figuren oder gar einem wunderlichen Pelikan verzierte Fassaden uns an das Comic-Heft erinnerten, das wir so gern lasen, und machten anschließend einen Besuch im Nonnenkloster, um den kleinen Jesus zu bewundern, wie er einer Novizin in religiöser Verzückung erschienen war: rosig, in eine dürftige Windel gewickelt und mit alexandrinischen Locken auf dem Kopf. Er ist auf goldfarbenes Stroh gebettet, breitet die Arme aus wie Seine Heiligkeit der Papst und reckt dabei den Kopf, was Nacken- und Bauchmuskulatur stark beansprucht und wozu angeblich nur Babys imstande sind, denen eine große Zukunft winkt. Am Eingang kauften wir eine Postkarte, die Papa nach der Rückkehr seiner frommen

Tante schenkte, unser aller Tante Marie, die das kostbare Bildchen sogleich in eines ihrer unzähligen Gebetbücher schob. Vielleicht wollte er dadurch die Vorhaltungen entkräften, die sie ihm zweifellos machen würde, wenn sie sah, was wir mitbrachten und was im Grunde der Anlaß für unsere Fahrt gewesen war: unser Beutestück.

Wir waren zurück auf die Landstraße gefahren, die durch das Labyrinth der ländlichen Bretagne führte. Die mächtigen Planierraupen verschnauften in »sonntäglicher Ruhe« neben einer umgewühlten Böschung, die Schaufeln ruhten am Boden und das Rot der massigen Ungetüme schlug blutige Wunden in das Dunkelgrün der Natur. Der Himmel war bedeckt, es nieselte. Die Scheibenwischer glitten hin und her, als unser Mann am Steuer plötzlich mit dem Finger auf die Turmspitze einer Kapelle zeigte, die wie ein Pfeil aus dem zitronenfarbenen Teppich eines Rapsfeldes ragte. Der dröhnende Motor ließ keine Erklärung zu, doch entnahmen wir der Eindringlichkeit der Geste, daß wir uns dem Ziel näherten.

Die Pfeilspitze aus Granit wuchs aus einem massiven, von der Kapelle getrennt stehenden Turm empor, und die Kapelle selbst ruhte in einer Mulde wie in einem von Gras und Gesträuch überwucherten Amphitheater, so daß man im Näherkommen den Eindruck hatte, sie sei zur Hälfte im Boden begraben, eine verhängnisvolle Folge ihres eigenen Gewichts oder eines Absackens des Untergrunds. Die scheinbar niedrigen Mauern verliehen ihr das Aussehen eines Reliquienschreins, einer Truhe zum Aufbewahren kostbaren Gebeins. Die kleine Straße, von den Hühnern eines nahe gelegenen Bauernhofs in Beschlag genommen, verlief in Höhe der Fenster. Hätte man Anlauf genommen, wäre man mit einem etwas waghalsigen Sprung bis zum Kranzgesims und dem lächelnden Engel gelangt, der ein Hütchen aus grünem Moos trug und sich für den Fall, daß die Kapelle irgendwann restlos versank, vorsorglich aufs Dach geflüchtet hatte. Wir stiegen eine Steintreppe hinab, die zum Eingang führte. Dort gab es einen Brunnen, dessen Wasser sich in drei wie ein Kleeblatt angeordnete Bassins ergoß. In einer rostigen Konservenbüchse welkte ein Strauß Feldblumen vor sich hin. Statt jedoch durch das Portal ins Innere der Kapelle zu treten, umrundeten wir den Bau auf einem schmalen, zwischen Mauerwerk und Straßendamm eingezwängten Pfad und blieben an der Apsis stehen, zu deren Füßen üppige Hortensienstöcke wuchsen. Unser Vater, der uns an diesen Ort geführt hatte, forderte uns auf, die großen blauen Blüten auseinanderzuschieben. Maman riet uns davon ab – »Ihr macht euch nur naß« –, und als er – »Joseph, du machst dich nur schmutzig« – unser Zögern bemerkte, schob er sich zwischen die mit kleinen Tropfen bedeckten Blumen, packte etwas Schweres, setzte sein ganzes Körpergewicht ein, indem er sich zurücklehnte und mit den Füßen auf dem glitschigen Gras festen Halt suchte, und gleich darauf – »Joseph, du bist verrückt« – wälzte er einen wuchtigen Stein aus dem Gestrüpp heraus, einen trichterförmigen, arg ramponierten Block, und erst bei näherem Hinsehen erkannten wir, daß es ein behauenes Kapitell mit von der Zeit zerfressenen Ornamenten und Figuren war. Allem Anschein nach stammte es nicht von der Kapelle, da diese perfekt erhalten war und ihr auf den ersten Blick keine Teile fehlten, sondern von einem noch älteren Gebäude. Es handelte sich also um nicht wiederverwendetes Material, das man vielleicht für zu derb und für die elegante Baukunst der Renaissance nicht für erlesen genug befunden und deshalb auf der Baustelle zurückgelassen hatte, wo unser Schatzsucher es aufgestöbert und schnell wieder versteckt hatte, weil ihm sogleich eine Idee gekommen war, wie er es gebrauchen könnte: diesmal nicht zur optischen Verschönerung der geplanten Steinlandschaft, dieser locker zwischen ein paar Felspflanzen plazierten Brocken, nein, er wollte das Kapitell zum Bestandteil einer Geschichte machen, indem er den langen Weg der menschlichen Zivilisation einen Umweg durch unseren Garten beschreiben ließ und durch diesen glänzenden Einfall aller Welt vor Augen führte, daß, ganz gleich ob Holzschuhschnitzer oder Steinmetz, auch wir Heutigen eine gewisse Anerkennung verdienten.

Im hinteren Teil des Gartens, zwischen Tante Maries kleinem Haus und der Garage, stehen mitten auf einem Stück freien, von hohen Mauern eingefaßten Geländes vier Pfeiler aus Stahlbeton, an der Spitze mit je einem eisernen Dorn bewehrt und im Quadrat aufgestellt, als steckten sie den Grundriß eines Atriums oder Kreuzganges ab. Ursprünglich hatten sie das Dach eines neuen, geräumigen Warenlagers tragen sollen, da man das alte für zu eng befunden hatte. Doch dann hatten mehrere Ereignisse dem ehrgeizigen Erweiterungsprojekt einen Riegel vorgeschoben: der Krieg (der zweite), der Tod des Initiators (Pierre, Josephs Vater und Maries Bruder), eine Verschärfung der Steuerpolitik (vor 39 bezahlte Pierre lediglich die Gewerbesteuer und weigerte sich, die zur Finanzierung der Kriegskosten vorgesehene Sonderabgabe zu entrichten, weil er der Meinung war, daß er für den Krieg schon genug Einsatz gezeigt hatte – vier Jahre in den Schützengräben, die ihm den Anspruch auf eine Rente für ehemalige Frontkämpfer eingebracht hatten, doch deckte diese eben mal seinen jährlichen Tabakverbrauch) und, vordringlichster aller Gründe, die allgemeine Entwicklung, denn je mehr die neuen Zeiten Einzug hielten, desto unhaltbarer wurde die Situation für Grossisten in kleinen Ortschaften auf dem Land: Jetzt, da man dank des ausgebauten Straßennetzes nicht mehr so sehr auf Mittler zwischen Hersteller und Einzelhändler angewiesen war, sprach alles dagegen, die Lager bis unters Dach aufzufüllen, denn man lief Gefahr, auf der Ware sitzenzubleiben.

Von den Betonpfeilern abgesehen, hat das hochfliegende großväterliche Projekt noch eine andere Spur hinterlassen, nämlich eine Art mit Hohlziegeln verkleideten Portikus aus Beton, der als Eingang vorgesehen war. Die seltsame Konstruktion stellt den Betrachter vor ein Rätsel: Handelt es sich um den Rest eines verfallenen Gebäudes, einer zwischen den Kriegen aufgegebenen kleinen Fabrik, oder um ein unvollendetes Bauvorhaben? Und was ist mit dem Dach passiert? Ist es bei einer Explosion in die Luft geflogen, oder hat es nie eines gegeben? Die hohen Mauern zwingen einen dazu, den Blick zu heben. Da die Überdachung fehlt, schneiden sie ein großes, rechteckiges Stück Himmel aus, in das die zarte Spitze einer Zypresse hineinragt wie ein in einen Farbtopf getauchter Pinsel. Wenig Blau, das zu einer Himmelfahrt verführen könnte, nur blaue Flecken wie Pfützen oder Wasserlöcher zwischen wallenden Wolkenmassen, die sich vom Atlantik herüberwälzen, um dann an den Rändern auszufransen, die Form zu verlieren oder Schäfchenwolken zu bilden, kleine Wattebäusche, die ein paar Regentage ankünden. Spärliches, bläßliches Blau wie auf Freskenmalereien. Ärmliches Blau, verglichen mit dem auffallenden Reichtum an Grautönen, von Perle bis Asche, Chinchilla bis Ruß, eine verfließende Tuschezeichnung, in der sich abgestufte Schattierungen überlappen. Wenn einem schwindlig wird, weil man allzu lange die Wolken beobachtet hat, dann senke man den Blick, breche eine Auster auf oder öffne eine Muschel: das Perlmutt ihrer Schalen birgt alle Farbnuancen, die der Himmel über dem Atlantik zu bieten hat. Im Sommer ist die Himmelsweide hinten im Garten von unzähligen Mauerseglern und Schwalben bevölkert, die auf dem Kirchdach ihren Zweitwohnsitz genommen haben und in müßigen Augenblicken muntere Arabesken beschreiben, wobei die Vogelschar im Flug einen einzigen großen Körper bildet, sich so geschmeidig schlängelt wie ein Pantoffeltierchen und mit ihren spitzen, schrillen Schreien die Handvoll schöner Tage erfüllt. Beim Herabgleiten bleibt der Blick an den Eisenspitzen hängen, die aus den Betonpfeilern herausragen. Sie sind ein Fingerzeig dafür, daß das Werk in den Anfängen steckengeblieben ist.

Joseph schwebte ein gleichsam herkulischer Plan vor. Er erklärte uns, er wolle die Eisenspitzen absägen, die Pfeiler so anmalen, daß sie wie Säulen aussähen, und einen von ihnen mit dem Kapitell krönen, das seit fünf- oder sechshundert Jahren auf der bretonischen Erde gelegen und darauf gewartet hatte, wieder Höhe zu erlangen. In der Mitte der vier Säulen wollte er ein Becken von geringer Tiefe ausheben, das er mit Mosaiken, das heißt mit den Scherben zu Bruch gegangenen Porzellans, auszugestalten gedachte. Man stelle sich vor: Hadrians Villa in unserem Garten. Der große, kühne Architekt mischte Jahrhunderte und Stilrichtungen durcheinander und vollendete das Unvollendete, indem er es zur Ruine machte. Um das Bild abzurunden, brauchte er nur noch die Heiligenfiguren unserer Tante in die Mauernischen zu stellen, und schon wüßte man nicht mehr, auf welchen Heiligen man den Blick zuerst richten sollte. So sollte das Denkmal künftigen Zeiten entgegensehen. Wir würden bei Random eine Nadel mit diamantenem Kopf in die Landkarte der Bretagne stecken.

Joseph – »Du bist verrückt« – träumte von einem grandiosen Naturspektakel, während er den schweren Block zur Treppe wälzte, aber er kam jeweils nur eine Kantenlänge voran und mußte die Operation zwanzig-, dreißigmal wiederholen, wobei ihn eine angeschrägte Kante bisweilen vom Kurs abbrachte, so daß er das Kapitell wieder neu ausrichten mußte, doch endlich hievte er es Stück für Stück treppauf, auf die Gefahr hin – »Joseph, sei vorsichtig« –, auf den schmalen Treppenstufen das Gleichgewicht zu verlieren und den Stein im Sturz wieder mit in die Tiefe zu reißen. Oben angelangt, fuhr er mit dem Wagen rückwärts so nahe wie möglich heran, öffnete den Kofferraum, nahm eine Decke und einen Ölkanister heraus, beugte sich über den auf der Schmalseite ruhenden, leicht geneigten Block, schlang die Arme darum – »Joseph, du machst dich schmutzig« –, atmete wie ein Gewichtheber tief ein, bevor er ihn anhob, wobei sich sein Unterkiefer verkrampfte und die Anstrengung auf seinem Gesicht zu lesen war, und so trug er die Last einen Augenblick lang wie eine hochschwangere Frau das Kind im Leib, bevor er sie behutsam absetzte, und zwar gerade in dem Moment, als seine Arme, die den Stein eine Sekunde später hätten fallen lassen, zu zittern anfingen, und unter dem Gewicht gab der Wagen auf der Hinterachse nach, während Joseph, dessen Hände noch immer auf dem Stein lagen, eine Weile mit geschlossenen Augen dastand und nach Atem rang, sich dann aufrichtete und mit der Hand an den Rücken faßte – »Joseph, du hast dich überhoben« –, doch es war besser, jetzt nichts zu sagen, denn es hätte uns von ihm nur eine unwirsche Replik eingebracht, und so beobachteten wir ihn schweigend, wie man von einem Moment in der Schwebe erwartet, daß sich ein neues Lebenszeichen regt.

Zu mehreren umkreisen sie ihn, treten leicht gegen die Reifen, fahren mit der Hand zärtlich über die Kotflügel, werfen einen Blick auf den Tachometer – 130 Stundenkilometer schafft der Wagen, aber sie sind einhellig der Meinung, ausgenommen vielleicht der Besitzer, daß alle Tachometer nach oben frisiert sind –, sie zupfen an der blauen Plastikfolie auf den verchromten Teilen, wobei sie hoffen, ein langes Stück zu erwischen, doch löst sich die Folie nicht etwa ganz ab, sondern sie streckt sich, wird dünner und dünner wie eine lange spitze Zunge, und wenig später reißt sie. Trotzdem ist die Schutzfolie der Beweis, daß das Auto neu und nicht etwa gebraucht ist – was an ein wiederaufgewärmtes Gericht oder an Kleider aus zweiter Hand denken ließe –, es kommt frisch aus dem Werk und ist noch zur Hälfte in seine blaue durchsichtige Geschenkverpackung gehüllt. Nach dem Zusammenbruch des Dyna, der nur noch im Schneckentempo und unter ohrenbetäubendem Getöse den Weg über die bretonischen Landstraßen nach Hause schaffte, ist der grünmetallic lackierte 403, der nun vor dem Geschäft steht und den begehrlichen Blicken der Schaulustigen ausgesetzt ist, ein Geschenk des Himmels. Man braucht nur zu sehen, wie der Reisende strahlt, wenn er sich hinters Steuer setzt und vor den Augen der Freunde den Motor anläßt: Alle spitzen das Ohr in Richtung Motorhaube und heucheln, den Dyna noch im Gedächtnis, so gut wie nichts zu hören. Wie bitte? Dieses Säuseln soll reichen, um so einen Wagen anzutreiben? Lächelnd sitzt er hinter der blitzenden Windschutzscheibe und tritt voller Genugtuung zweimal leicht aufs Gaspedal.

Sein Päckchen Gitanes hat wie selbstverständlich einen Platz auf dem Armaturenbrett hinter dem Lenkrad gefunden. Er nimmt eine Zigarette heraus, doch statt das Feuerzeug zu benutzen, drückt er kokett auf den Zigarettenanzünder und hält ihn kurz darauf durch die offene Wagentür den sprachlosen Rauchern unter seinen Freunden vor die Nase. »Wartet, das ist noch nicht alles.« Er führt ihnen die verstellbare Rückenlehne vor. »Fehlt nur noch die Dusche«, bemerkt jemand. Er steigt aus, dreht zusammen mit den anderen noch eine Runde um den Wagen und bleibt, die Zigarette im Mundwinkel, vor dem nagelneuen Nummernschild stehen: 917 GG 44. »GG, große Gosche«, sagt er. Fürchtet er etwa, die anderen könnten ihn für ein Großmaul halten? Warum muß er sich in aller Öffentlichkeit selbst schlechtmachen? Der dunkle Schatten verflüchtigt sich rasch, und alles lacht über seinen Scherz.

In der friedlichen Spielart der Rosenkriege, die sich zu Beginn der sechziger Jahre die Anhänger von Peugeot und Renault liefern – zieht man die Verkehrstoten in Betracht, so war es gar ein blutiger Krieg –, gehören wir nunmehr dem Lager von Peugeot an. Den Renault-Jüngern, wenn sie die Schnelligkeit, den spritzigen Charakter und die sportlichere Linienführung der Marke mit der Raute preisen, setzen wir die Zuverlässigkeit, die gute Straßenlage, die hohe Motorleistung und das Argument entgegen, daß der Wagen beim kleinsten Zusammenstoß nicht gleich wie eine Ziehharmonika aus Blech aussehe. Zur Sicherheit schraubt Joseph auf das Armaturenbrett eine schwere Bronzemedaille mit einem Bildnis des heiligen Christophorus, die er vorsorglich aus dem Dyna entfernt hat, bevor dieser auf dem Schrottplatz landete. Bei diesem Mann überrascht uns das ein wenig, denn Beziehungen zum Himmel sind sonst eher Frauensache. Ob er es seiner frommen Tante Marie zu Gefallen getan hat? Wie dem auch sei, der 403 ist ein solides Auto ohne Firlefanz, auf das man sich verlassen kann – wie auf ihn selbst. Ein gutes Gespann. Der neu erlangte Komfort wird seinen Beschwerden bestimmt ein Ende bereiten und die Rückenschmerzen besänftigen, die ihn in letzter Zeit immer häufiger quälen. Zu viele Koffer hat er geschleppt, und erst all die unnützen Steine, die er im Garten hortet. Doch er wird nie einsehen, daß er Raubbau mit seinen Kräften getrieben hat, nicht er. Und wer würde es wagen, ihn darauf hinzuweisen? Genausogut könnte man ihm vorwerfen, er schufte sich für seine Familie zu Tode. Dabei liegt ihm doch soviel daran, daß seine Lieben über seine Verhältnisse leben. Ihnen das zu ermöglichen, hält er als Vater und Ehemann für seine Pflicht, und deshalb scheut er keine Ausgabe.

Jetzt, mit dem neuen Auto, wird alles gut werden, und tatsächlich wird ihn der wackere 403 bis zur magischen Grenze von einhunderttausend Kilometern tragen, der er geradezu entgegenfiebert, indem er immer wieder auf den Zähler blickt, denn sobald sich das Zählwerk hinter der Eins auf lauter Nullen zurückstellt, sobald nebeneinander fünf dieser jungfräulichen Ziffern erscheinen, werden mit einem Schlag neunundneunzigtausendneunhundertneunundneunzig auf bretonischen Landstraßen gefahrene Kilometer wie weggewischt sein (in diesem Zeitraum hat er keine anderen Reisen unternommen), und mit ihnen zwei in Hotels, mit Kundenbesuchen, Aus- und Einpacken und Anpreisen der Ware zugebrachte Jahre, eine geradezu faustische Verjüngungskur auf Kosten eines Motors und einer Karosserie. Noch ein paar Meter, und es wird sein, als wäre nichts gewesen, kein Heimweh in der Ferne, keine einsamen Abende, keine Hoffnung auf bessere Tage, nur noch eine Radumdrehung, und alles auf der Welt wird ewiger Neubeginn sein. Da – das Zählwerk ist in seinen jungfräulichen Zustand zurückversetzt. Er hält mit dem Wagen am Straßenrand, von wo aus er ein kleines Tal überblicken kann, in dem eine Planierraupe mit grimmiger Entschlossenheit das Mosaik aus winzigen Feldern in eine Ebene ähnlich der Beauce verwandelt. Seit einiger Zeit spricht er offen über seine Trauer und Erschütterung darüber, daß die Landschaft vor seinen Augen gemartert wird. Es macht ihn wütend. Wie soll er sich in der neu entstehenden Wüstenlandschaft zurechtfinden? Jeder Baum war in seiner persönlichen Geographie wie eine Boje; an jenem Wegkreuz – davon wimmelte es in der Bretagne geradezu, und viele Frauen bekreuzigten sich davor – fuhr das Auto wie von allein in die richtige Richtung. Ein von Stechginster übersätes Feld war ein verläßlicherer Vorbote des Frühlings als die Farbe des Himmels, und manch ein Kirchturm, der bislang über eine Böschung ragte, steht nun nackt in der Landschaft und ist schon von weitem so gut sichtbar, daß man sich nicht mehr die Mühe macht, einen Umweg zu fahren, um die Neugierde zu befriedigen. Mit verbissener Wut fegt man das Lebenswerk der in ihrer Scholle verwurzelten Menschen fort – ob auch die Gärten des Schlosses von Vaux-le-Vicomte dran glauben müssen? Es ist, als würde man rücksichtslos sämtliche bunten Nadelköpfe aus seiner Wandkarte herausreißen. Muß die Rückstellung des Kilometerzählers denn zwangsweise mit einer Einebnung der Landschaft einhergehen?

Er stellt den Motor ab. In die einkehrende Stille

dringt sofort wie ein Parasit das aus der Ferne herüberschallende dumpfe Dröhnen des Schaufelbaggers. Er befindet sich jetzt am Tatort, und was nun folgt, hat er seit langem geplant. Später wird er es erzählen und damit seine geistige Souveränität unter Beweis stellen, denn seine Geschichte klingt wie ein Ammenmärchen, und nicht einmal ein Mann mit dem Ruf eines Draufgängers oder Haudegens würde sich dazu versteigen, etwas Derartiges zu erzählen. Es ist eine Art Handel, wie man ihn bisweilen eingeht, wenn man sich von der Zukunft etwas Bestimmtes erhofft: Sofern alles klappt, wie ich es mir vorstelle, verpflichte ich mich zu diesem und jenem – nie wieder einen Tropfen Alkohol anzurühren, der Katze des Nachbarn zuzulächeln, eine Schachtel Nägel zu schlucken, auf Knien nach Jerusalem zu pilgern –, wobei die Gelübde sich nach der Gewichtigkeit des Handels richten. Jetzt ist für ihn der Augenblick gekommen, in dem er sein Versprechen einlösen muß, doch wie schwer fällt es ihm, sich in Szene zu setzen, seine Zurückhaltung zu vergessen. Er beobachtet sich selbst, ist wie gelähmt. Um Zeit zu gewinnen, zündet er sich eine Zigarette an.

Sanft neigt der Nachmittag sich seinem Ende zu, der verhangene Himmel verstrahlt mildes Licht, das sich wie eine heilende Salbe auf die Wunden der verwüsteten Felder der bretonischen Landschaft legt. Die hohen, am Rand des kleinen Tals aufgeschütteten Erdhügel sind bereits von Fingerhut und Brombeerbüschen überwachsen, in deren Gestrüpp rege

Betriebsamkeit herrscht, denn all jene Tierarten, die früher in den Böschungen beheimatet waren, haben dort Unterschlupf gefunden. Ein paar Kühe kommen über die Weide herbeigetrottet und recken neugierig die Köpfe über die Hecke. Er kurbelt das Fenster herunter, der Zigarettenqualm strömt nach draußen. Da er die Heizung hochgedreht hat, ist es im Wagen so heiß, daß ihn die laue Luft frösteln macht. Langsam mischt sich der Duft von Gräsern und Weißdorn mit dem Geruch von abgestandenem Tabakrauch, der sich im Wageninnern festgesetzt hat. Noch immer zögert er. In dem Augenblick, als er den Zigarettenstummel mit Daumen und Zeigefinger zum anderen Straßenrand hinüberschnippt, wird ihm ein Zeichen gegeben, ein Wunder geschieht, wenngleich man darin nichts weiter als den Schlußpunkt eines Arbeitstages sehen könnte: Die Planierraupe verstummt und überläßt die Weite mit einem Schlag den Schreien der Vögel, die nun flatternd auffliegen – wobei Geäst und Laubwerk der Bäume leicht erbeben –, dem Rascheln der Hecke, die erschauert, als die Kühe sie mit ihren mächtigen Hinterteilen streifen, dem Trampeln ihrer Hufe und den von einem Bauernhof gedämpft herüberklingenden Geräuschen. In der friedvollen Stimmung des sich herabsenkenden Abends dankt er dem Himmel, daß er ihm einhunderttausend Kilometer weit beigestanden hat, eine Strecke, auf der es nicht den geringsten Zwischenfall gegeben hat, von den üblichen Reparaturen einmal abgesehen, und auf der weder er noch die Seinen ein einziges Mal in Gefahr geschwebt haben, er dankt dem Himmel, daß er noch am Leben ist, und dann sagt er ein Vaterunser und drei Gegrüßet seist du Maria.

Für unsere kleine Tante gehörte Beten zur Tagesordnung, doch von ihm hätte man dergleichen nicht erwartet. Er bezeichnete sich zwar nicht eben als Freidenker, doch schwang in seinen Bemerkungen über Religion stets ein leiser kirchenfeindlicher Unterton mit, der unserer alten Marie jedesmal einen Stich versetzte, teilte sie sich doch aufopfernd zwischen der Klosterschule, wo sie Unterricht gab, und der Kirche auf, wo sie nicht nur dem Pfarrer bei der Messe eilfertig zur Hand ging, sondern sich gewissenhaft um den Unterhalt des Gotteshauses kümmerte, denn sie war sogar mit der Leerung der Opferstöcke betraut, was uns, die wir das Privileg besaßen, sie auf ihrem Rundgang am Sonntagabend zu begleiten, wie ein Einbruch vorkam, wenn auch mit Schlüssel – fiebernd fiel unser Blick nach Öffnung des Holztürchens auf den kleinen Haufen Münzen, die man durch den Schlitz geworfen hatte (zumeist Kleingeld und ein paar Knöpfe); mit den Händen kratzten wir sie zusammen und schoben sie in einen Stoffbeutel, wobei wir darauf achteten, daß keine zu Boden fiel. Anschließend betasteten wir die Ecken und Winkel, aus Angst, wir könnten einige Münzen übersehen haben, und so nahmen wir uns einen Opferstock nach dem anderen vor, unsere Beute wurde immer fetter, und der Beutel wog immer schwerer in unseren Händen, während die Schritte, die wir machten, wir, die geduldeten Einbrecher, in der unheimlichen Düsternis der Kirche widerhallten. Tante Marie vermied Diskussionen mit ihrem Neffen, zum einen, weil sie ihn sehr gern hatte, und zum anderen, weil die christliche Lehre, die Kirche und deren Diener zu den Themen gehören, über die man einfach nicht diskutiert. Lieber schnitt sie ihm achselzuckend das Wort ab, machte auf dem Absatz kehrt und entfernte sich mit eingezogenem Kopf und trippelnden Schrittchen, wobei sie leise vor sich hin murmelte. Es nützte ihm auch nichts, sie daran zu erinnern, daß die lieben Klosterschwestern, die sie jetzt so hartnäckig in Schutz nahm, ihr während ihrer Laufbahn als Lehrerin das Leben so schwer gemacht hatten, daß sie schließlich auf den Vorschlag ihres Bruders eingegangen war, ihr Zimmer in der Schule aufzugeben und statt dessen das kleine Haus zu beziehen, das er eigens für sie im Garten gebaut hatte – ein Schritt, der ihr wie eine Fahnenflucht vorgekommen sein mußte. All dies wußte sie nur zu gut. Es war nicht nötig, den Finger auf die Wunde zu legen. Noch jetzt kam es vor, daß sie, den Tränen nahe, aus der Schule heimkehrte, weil die Schwester Oberin eine bissige Bemerkung gemacht hatte. Doch damit mußte sie fertig werden. Es stand ihr nicht zu, ein Urteil über diese Frauen zu fällen, die ihr Leben in den Dienst Christi gestellt hatten, während sie selbst, so fromm sie auch sein mochte, sich nicht dazu hatte entschließen können, den Schleier zu nehmen. Vielleicht war dies nun der Preis dafür, daß sie sich davor gedrückt hatte. Dennoch ließ sie es sich nicht nehmen, ihren renitenten Neffen darauf hinzuweisen, daß Ostern vor der Tür stehe und der Beichtstuhl ihn zum großen seelischen Frühjahrsputz erwarte. Obwohl er sich jedesmal erst in letzter Minute dazu durchrang, gönnte er ihr diesen jährlichen Check-up, wenngleich er selbst dabei offenbar nicht eben von metaphysischen Qualen befallen wurde. Für uns war dies Grund genug, uns um sein Seelenheil zu sorgen. Da wir mitbekamen, wie sehr er religiöse Rituale auf die leichte Schulter nahm, zählten wir ihn insgeheim zwar nicht gerade zum Lager der Gottlosen, doch zumindest zu jener Kategorie von Dilettanten, die nur aus Gewohnheit oder Pflichtgefühl in die Kirche gehen. Für uns stand fest: Wer sonntags die Messe schwänzte, an der Hostie knabberte oder Gott lästerte (wobei wir nicht recht wußten, wie man das eigentlich anstellte), der beging eine Todsünde. Er jedoch spielte mit dem Feuer, denn er traf erst eine ganze Weile nach dem Introitus ein, wenn die Predigt längst begonnen hatte – er fand sie ohnehin langweilig, obwohl Pfarrer Bideau uns von seiner Kanzel herab mit schmetternder jenseitiger Stimme und hervorquellenden Augen die Hölle in den schrecklichsten Farben beschrieb, wobei er sich so weit vorbeugte, daß er bisweilen mit den Zähnen gegen das Mikrophon stieß und rief: »Oh, der Dämon. Oh, der böse Dämon«, als erblickte er ihn im züchtigen Ausschnitt der weiter unten sitzenden Frauen, und uns mit seiner Beschwörungsformel alle Lust nahm, etwas Böses anzustellen –, er blieb in der Nähe der Eingangstür stehen, gleich neben dem Weihwasserbecken, und lehnte sich gegen Ende der Messe manchmal an einen Pfeiler (damals war die Kirche noch mehr als gut besucht, und so brauchte man erst gar nicht auf der Suche nach einem freien Sitzplatz den Mittelgang entlangzugehen, besonders nicht mit Lacklederschuhen, die bei jedem Schritt knackten, es sei denn, einem lag daran, die anderen darauf aufmerksam zu machen, daß man welche trug), und während der Kommunion nützte er das allgemeine Durcheinander und das Hin und Her der Gläubigen in den Seitengängen, um sich als erster hinauszustehlen, wobei das Knarren der Tür von der Orgel und fünfhundert Mündern übertönt wurde, die aus Leibeskräften den Gesang anstimmten: »Christ bin ich, und das verleiht mir Würde, Hoffnung und Halt.« Alles in allem beschränkte sich seine Teilnahme am Gottesdienst auf grob gerechnet eine Viertelstunde. Wir hatten das bange Gefühl, daß dies nicht reichte.

Zugegeben, er war nicht der einzige, der es damit so hielt. Männer hatten dies offenbar so an sich, und nicht wenige von ihnen, die, obgleich sie stets zu spät kamen, nicht stehen wollten, liehen sich in den Cafés am Platz Stühle aus und stellten sie im hinteren Teil der Kirche auf. So wurde im Ort an jedem Sonntag ein seltsames Ballett aufgeführt. Ein paar von denjenigen, die schon am frühen Morgen einen sitzen hatten, taten sich schwer, durch die Drehtür des Seiteneingangs zu gelangen, ohne mit dem Stuhl gegen die Holztäfelung zu stoßen, wodurch sie die tiefe, feierliche Stille während des Offertoriums störten und vernichtende Blicke von Pfarrer Bideau ernteten, der die Augen vom Ziborium abwandte, um sich den Schuldigen genau anzusehen und ihn bei nächstbester Gelegenheit ordentlich abzukanzeln. Allerdings war es Teil des Rituals, dann und wann eine Zurechtweisung von ihm zu kassieren, denn es war der Beweis, daß man zum Männerclan gehörte. Man ging sogar so weit, die Männlichkeit jener in Zweifel zu ziehen, die sich von der Messe keine Sekunde entgehen ließen. Beim allerersten Glockenschlag saßen sie in der vordersten Reihe, das aufgeschlagene Gebetbuch in der Hand und ein Kirchenlied auf den Lippen. Ihnen Impotenz zu unterstellen war eine Gemeinheit, zumal wenn einer zwar wie ein Mormonenprediger aussah, jedoch nur eine Frau, dafür aber zehn Kinder hatte.

Zur Kaste der fleißigen Kirchgänger gehörten auch einige ehemalige Studenten des Priesterseminars, die durch die Verlockungen des Fleisches vom rechten Weg abgekommen waren. So manch einer von ihnen war schon in der Soutane herumgelaufen, hatte sie jedoch kurz vor der Priesterweihe an den Nagel gehängt. Im zarten Knabenalter ins Fahrwasser der Kirche gesetzt (für die ärmeren bedeutete dies die Gewißheit, ein Studium absolvieren zu können, und nebenbei brachte es ein gewisses Ansehen ein), kamen sie früher oder später dahinter, daß man ihnen nicht alles gesagt hatte. Dennoch blieben sie dem ursprünglichen Glauben treu und hielten später ihre Söhne an, den von ihnen abgebrochenen Weg fortzusetzen, doch dauerte es bei jenen nicht so lange wie bei ihren Vätern, bis sie sich endgültig in Agnostiker verwandelten.

Fronleichnam bot dem Großen Joseph Gelegenheit, sein Talent als Organisator und Erfinder unter Beweis zu stellen. Die Prozession des heiligen Sakraments folgte einem Weg aus gestreuten Blütenblättern, wobei diese, wenn die Blütezeit zu spät einsetzte, meist durch buntgefärbte Holzspäne ersetzt wurden, die in den Straßen der Gemeinde ein langes, farbenprächtiges Band mit geometrischen Motiven bildeten, auf das Pfarrer Bideau, die Monstranz über dem Kopf, als erster den Fuß setzen durfte. Jedes Viertel war für die Ausschmückung seines Abschnitts selbst verantwortlich. Das auf der Anhöhe gelegene Viertel hatte den Vorteil, in der Person des Metzgers einen wahrhaften Künstler zu haben, der imstande war, aus Schweineschmalz eine Nike von Samothrake oder aus Gänsegrieben eine Krippe anzufertigen. Unter rein ästhetischen Gesichtspunkten konnte weder das eine noch das andere mit einer Darstellung des thronenden Christus in seiner blumigen Mandorla mithalten. Wir beschränkten uns also lieber auf ein schlichtes, aus Rauten und Zierstreifen bestehendes Mosaik, das wir in einer rechtwinkligen Kurve mit einer Rosette verzierten, wie

Schulkinder sie in langweiligen Unterrichtsstunden mit dem Zirkel zeichnen.

Am Sonntagmorgen versammelten sich in aller Frühe die guten Geister in der Garage, deren Türen weit offenstanden, gewissermaßen als Einladung an Gaffer, Freiwillige mit chronischem Zeitmangel, die mal eben für zehn Minuten Hand anlegten, Ratgeber (»Statt es so zu machen, solltet ihr es besser *so* machen«), Erzähler von wahren Geschichten, zum Beispiel von überfahrenen Katzen – oder besser noch Hühnern, weil diese dümmer und nicht so flink waren und einen hohen Blutzoll an den Autoverkehr entrichteten –, trockene Kehlen (es waren Erfrischungspausen für die »Straßenmaler« vorgesehen), nichtsnutzige Klugschwätzer und, je weiter der Vormittag voranschritt, Frauen und Kinder.

Die erste Arbeitsphase bestand darin, das Farbpulver in großen Wannen voll Wasser aufzulösen, bevor die Holzspäne hineingetaucht wurden, die man in Kartons und Schubkarren aus der nahe gelegenen Tischlerei herbeischaffte, wo man sie übers Jahr im Hinblick auf die Prozession gesammelt hatte. Einer löste den anderen dabei ab, die Mixtur mit einem Stock umzurühren, dessen unteres Ende sich je nach Wanne grün, gelb, blau oder orange färbte und der durch dieses Erkennungsmerkmal eine neue Bedeutung bekam, eine Art Marschallstab wurde, den man nicht etwa verheizte oder wegwarf, sondern als Stütze für einen Rosenstock weiterverwendete. Während man in der dicken Suppe rührte, mußte man darauf achten, daß man sich nicht bespritzte, denn die Farbe war hartnäckig und setzte sich unter den Fingernägeln fest. Wer es zu weibisch fand, sich Handschuhe überzustreifen, bevor die Späne zum Trocknen ausgelegt wurden, hatte noch lange danach auf seiner Handfläche ein Netz aus feinen farbigen Linien, und manche hatten es gar nicht so eilig, die Spuren zu tilgen, denn so konnten sie jedem die Hände unter die Nase halten und sagen: »Ich war dabei«, bevor sie zu erzählen anfingen, was für einen Spaß sie an jenem Vormittag gehabt hätten.

Für das Straßengemälde, das mit Hilfe einer Schablone angefertigt wurde, verwendete man Rahmen, die Abschnitten eines Eisenbahngleises ähnelten. Die Schwellen zwischen den beiden hölzernen Schienen bildeten geometrische Figuren, die man nur mit den bunten Spänen auszufüllen brauchte. War dies getan, hoben vier Männer das Gestell vorsichtig hoch, damit das empfindliche Mosaik nicht beschädigt wurde, und legten es seitlich erneut an, wo der Vorgang wiederholt wurde, bis die Verbindungsstelle mit dem benachbarten Viertel erreicht war.

Autofahrer wurden an jenem Tag aufgefordert, einen kleinen Umweg in Kauf zu nehmen, damit sie nicht das lange, bunte Band zerstörten, doch nicht alle kamen der Bitte ohne Protest nach. Die Künstler knieten, über ihre Arbeit gebeugt, auf dem Asphalt und nahmen ostentativ die Straßenmitte in Beschlag. Sie fühlten sich dazu berechtigt und ließen sich auch von anhaltendem Gehupe nicht vertreiben. Zu ihrer Sicherheit – und auch weil Joseph ihm unbedingt eine Aufgabe zuteilen wollte – schlug man André zwischen zwei Gläsern Wein vor, sich doch um die Verkehrsregelung zu kümmern, was er dann, da er sich der Unterstützung der anderen gewiß war, mit einem ausgeprägten Sinn für Autorität tat: Er pfiff Verkehrssünder zurück, indem er zwei Finger in den Mund steckte, und ging sogar so weit, sein Taschentuch in einer der Wannen rot zu färben und damit, zum Zeichen, daß die Durchfahrt verboten war, vor den Windschutzscheiben der Autos herumzuwedeln.

Durch die Straße, die an unserer Garage vorbeiführte, zog regelmäßig eine Kuhherde, die auf den saftigen Wiesen unterhalb des Ortes weidete. Um ihrer Spur zu folgen, brauchte man kein Fährtenleser zu sein, denn es war mühelos zu erkennen, wie lange ihr letzter Durchmarsch zurücklag. Eigentlich wäre es ratsam gewesen, den Straßenbelag zuvor zu säubern, doch die Zeit war knapp, die Späne reichten nicht aus, und so zimmerte Joseph in aller Eile aus zwei Dachsparren und vier Querstreben ein behelfsmäßiges Gestell, nachdem er eine Kompanie von Freiwilligen damit beauftragt hatte, den Buchsbaum und die Lorbeersträucher im Garten zu rupfen. Kaum waren sie damit fertig, abwechselnd kleine runde und lanzettförmige Blätter auszustreuen, da bog die Prozession auch schon um die Ecke. Die Helfer bezogen Posten am Straßenrand, verschränkten die Arme vor der Brust oder hielten die Hände wie ein Feigenblatt vor den Unterleib, stimmten in ein Kirchenlied oder Gebet ein, setzten dem Anlaß entsprechend eine reuige Miene auf und blickten andächtig drein, als ein Zuschauer seinen Nachbarn listig mit dem Ellbogen anstieß. Es dauerte eine Weile, bis jener reagierte, doch dann gab er die Meldung weiter. Wie ein Lauffeuer verbreitete sie sich in den Reihen, und schon bald konnten die feierlichen Mienen der unbändigen Lust, in lautes Gelächter auszubrechen, kaum noch standhalten: Ein Grinsen zeichnete sich auf den Gesichtern ab, manch einer biß sich auf die Lippen, andere drehten dem Geschehen plötzlich den Rücken zu, und wieder andere zogen es gar vor, sich ein Stück zu entfernen, um ihrer ungehörigen Heiterkeit freien Lauf zu lassen, während Bideau, die Monstranz andächtig auf Augenhöhe vor sich her tragend, langsam und feierlich auf dem Teppich aus grünen Blättern mitten durch die Kuhfladen schritt.

Ahnte er womöglich etwas und bestand bei unserer letzten gemeinsamen Reise deshalb darauf, daß wir Paris besuchten? Seit mehreren Jahren waren wir schon nicht mehr in Urlaub gefahren, doch hatte uns dies, allen Statistiken zum Trotz, nichts weiter ausgemacht. Nur zu gern verbrachten wir den Sommer in dem von hohen Mauern umgebenen Garten. Wegfahren dagegen war eher lästig, und zwar nicht nur, weil wir die vertraute Umgebung verlassen mußten, sondern auch, weil wir dann plötzlich fremden Blicken ausgesetzt waren, die uns auf Schritt und Tritt verfolgten: Im Restaurant gaben sie uns zu verstehen, daß wir die Gabel falsch hielten, im Hotel, daß wir in den Gängen auf der Suche nach unserem Zimmer nicht so trampeln sollten, in der Seilbahn, daß unsere Anwesenheit zur Überbelastung führen könnte, woraufhin wir uns am liebsten in die Tiefe gestürzt hätten, am Cirque de Gavarnie, daß wir ihn zu Fuß bestiegen, während die Reicheren – oder Kühneren – ihn auf dem Rücken eines Maulesels erklommen, im Schloß von X, daß es dumm von uns sei zu glauben, das Bett von Bertrand du Guesclin sei zu kurz und du Guesclin selbst müsse ziemlich klein gewesen sein, und in La Bourboule, daß wir beim Trinken des arsenhaltigen Heilwassers gefälligst nicht so eine Grimasse schneiden sollten. Natürlich waren es auch die Blicke der anderen, die uns seit jeher den Zutritt zum Strand verwehren wollten: Für Bleichgesichter verboten. Paris schüchterte uns noch mehr ein. Der Entschluß unseres Vaters, einen Abstecher in die Hauptstadt zu machen, erschien uns überstürzt, ja ebenso aus der Luft gegriffen, wie er es sich eines Abends, als er um zehn Uhr nach Hause gekommen war, plötzlich in den Kopf gesetzt hatte, eine Trennwand niederzureißen, und sich ruck, zuck mit einem Hammer an die Arbeit machte. Sein Einfall, nach Paris zu fahren, überraschte uns um so mehr, als unsere Gespräche bislang durchaus nicht um die Lichterstadt gekreist waren wie Nachtfalter um einen Leuchtturm. Nachdem er uns mit der kargen, rauhen Bretagne vertraut gemacht hatte, wirkte dieser Sinneswandel auf uns, als kehrte er seinen Steinen den Rücken, weil er sich nach einem Bad im Licht sehnte, gleichsam als gnadenvolle Erleuchtung vor dem Dunkel der Nacht.

In letzter Zeit hatte er all seine Urlaubstage darauf verwandt, das Haus zu streichen und zu verschönern: Er hatte Decken abgehängt und isoliert, Zimmer neu tapeziert, den Laden aufgemöbelt und durch Ausbau des Kellers vergrößert, wodurch er fortan zwei Ebenen umfaßte, wie in der Stadt. Seinen Plänen nach, in denen das Überflüssige dem Notwendigen folgte, hätte er in diesem Sommer den Garten in Angriff nehmen müssen. Das Material für das große Vorhaben lag bereit. Die aus der Bretagne mitgebrachten Steine warteten schon seit vielen Monaten auf ihre endgültige Bestimmung und waren längst von hohem Gras überwuchert. Eine Schicht aus grünem Moos bedeckte das Kapitell. In einer Kiste wurde zu Bruch gegangenes Geschirr gesammelt, doch allmählich kamen uns Zweifel, ob die Scherben jemals den Grund des Wasserbeckens zieren würden. Mag sein, daß ihm die Ärzte abgeraten hatten oder daß ihm sowohl Lust als auch Kraft ausgegangen waren – sein babylonischer Traum schien jedenfalls eingeschlafen zu sein.

Der 403 sah sein Ende nahen. Nachdem er die magische Grenze von einhunderttausend Kilometern überschritten hatte, hielt er zwar noch ein paar Monate durch, doch gerade diese außergewöhnliche Langlebigkeit war Indiz für einen baldigen Tod. Jeder Kilometer machte dem Auto mehr zu schaffen. Im Ölverbrauch legte es denselben Heißhunger an den Tag wie ältere Damen bisweilen beim Verzehr von Süßigkeiten. Ein Teil nach dem anderen gab den Geist auf und wurde von Joseph sonntags ausgewechselt. Es stand zu befürchten, daß Paris für das Auto einem Schwanengesang gleichkäme. Um es zu schonen, fuhren wir die fünfhundert Kilometer deshalb nicht an einem Stück, sondern legten am ersten

Abend zwischen Chartres und Versailles einen Halt ein. Tags darauf rollten wir im Schneckentempo in die Hauptstadt hinein.

Viele Reisende sind im Grunde reiseunlustige Menschen. Sie setzen sich dort fest, wo Flugzeuge und Schiffe sie absetzen. So nahmen zum Beispiel Einwanderer aus der Bretagne die nähere Umgebung der Gare Montparnasse in Beschlag. Unser Führer, der nie tat, was die anderen taten, quartierte uns deshalb nicht etwa dort ein, sondern in der Nähe der Porte Dorée in einem Hotel, dessen von Straßenlaternen angestrahlte Rolläden zwei helle Sprossenleitern an die Zimmerdecke warfen. Das unablässige Dröhnen des Verkehrs bis spät in die Nacht ersetzte uns in gewisser Weise das vertraute Meeresrauschen. Und damit das Gefühl der Entfremdung nicht allzu groß wurde, regnete es in Paris. Für die Raubtiere im nahe gelegenen Zoo von Vincennes, der den Auftakt unseres Besuches in der Hauptstadt bildete, war das nicht eben eine Freude – und für uns auch nicht, denn sie waren im Handumdrehen von den falschen Felsen ihres an eine afrikanische Operette gemahnenden Dekors verschwunden. Also hielten wir uns an Eisbären und Seelöwen schadlos, die den Augustregen als Wohltat empfanden und sich mit der Anmut von Sirenen in den schmuddeligen Wasserbecken tummelten. Langsam schlenderten wir die Wege entlang, lasen die Schilder an den Käfigen, prüften unsere Allgemeinbildung und waren ganz glücklich, als wir bestätigt fanden, daß die hoch aufgeschossene gefleckte Bohnenstange mit dem langen Hals tatsächlich eine Giraffe war. Trotz unseres gemächlichen Tempos blieb er von Zeit zu Zeit stehen und ließ uns ein paar Schritte Vorsprung. Wenn wir uns dann zu ihm umdrehten, bemerkten wir auf seinem Gesicht einen leidvollen Ausdruck. Wir sahen, wie er ein paar Schmerztabletten in die hohle Hand schüttete und sie ohne Flüssigkeit herunterschluckte, wobei er den Kopf mit einem heftigen Ruck in den Nacken warf. Nicht einmal die Äffchen, die erst drei Purzelbäume schlugen und dann ihren friedfertigen Müttern auf den Kopf sprangen, vermochten ihn aufzuheitern. Allein dem Parkwächter mit der viel zu großen Mütze gelang es, ihm ein belustigtes Lächeln zu entlocken, als er eine vor einem Käfig zusammengeballte Menschentraube aufforderte, den Weg frei zu machen, und nach kurzer Pause hinzusetzte: »Und hopp.« Hocherfreut über die Wirkung seiner Worte, ließ er wie ein Zirkusdirektor mit theatralischer Geste eine imaginäre Peitsche knallen.

Nach dieser Einführung in die Wildnis waren wir reif für die Eroberung der Großstadt. Von den obligatorischen Sehenswürdigkeiten besichtigten wir weder den Eiffelturm – wir sahen lediglich seine an einen Bohrturm erinnernde, allzu hoch über die Dächer der Stadt ragende Silhouette – noch das Wachsfigurenkabinett, noch Sacré-Cœur, noch, auf einem Umweg über das Moulin Rouge, den quadratischen Innenhof des Louvre oder den Jardin du

Luxembourg. Man hätte meinen können, das Programm spiegele Papas Gemütszustand wider: Notre-Dame, der Palais de la Découverte, das Hôtel des Invalides und, vor den Toren der Stadt, ein Besuch in Schloß Fontainebleau. Im nachhinein erschien es uns wie eine Abschiedszeremonie.

Sich mit dem 403 in den Pariser Verkehr zu stürzen wäre angesichts seines Zustands alles andere als vernünftig gewesen. Also zwängten wir uns, dicht an unseren großen Vater gedrängt, in die Metro. Als wir die beängstigend lange Schlange vor dem Fahrkartenschalter hinter uns gebracht hatten und unsere Route festlegen wollten, erlebten wir eine freudige Überraschung: Wir befanden uns in vertrauten Gefilden, denn das elektrisch beleuchtete Streckennetz der Métro – winzige Lämpchen, die je nach Linie eine andere Farbe hatten, zeigten auf Verlangen die kürzeste Verbindung zwischen zwei Stationen an –, dieses Netz war, wenngleich wesentlich ausgeklügelter, sozusagen eine Replik seiner Bretagne-Karte. Sofort fühlten wir uns ein bißchen weniger wie Provinzler, sondern eher, jedoch ohne uns dessen bewußt zu sein, wie Monsieur Jourdain höchstpersönlich, der große Baumeister der Hauptstadt, und es kam uns vor, als wäre uns das Pariser Verkehrsmittel schlechthin so vertraut wie die eigene Westentasche. Wir erkannten seine Vorgehensweise wieder, uns den Weg abzustecken und durch eine Reihe von Fingerzeigen auf fremde Welten vorzubereiten. Ein Beispiel dafür war der seit kurzem zwei Stockwerke umfassende Laden, der in einer so kleinen Stadt wie unserer eher fehl am Platz wirkte. Papa führte einen unablässigen Bewegungskrieg gegen die Gewöhnung und die Unfähigkeit der meisten Menschen, die althergebrachte Ordnung in Frage zu stellen: So hatte er sich zum Beispiel kurzentschlossen zwei alte, nicht sehr praktische Schränke vom Hals geschafft und statt dessen im Flur des ersten Stocks ein wuchtiges Kastenmöbel aufgestellt, das seinen Vorstellungen entsprach. Mochte es auch von zweifelhafter Ästhetik sein, so wurde es doch allen Anforderungen gerecht, vom Kleiderschrank bis zur Wäschetruhe, und war im Inneren mit einem Beleuchtungssystem ausgestattet, das durch Öffnen beziehungsweise Schließen der Türen an- und ausgeschaltet wurde. Die Ähnlichkeit der beiden Karten stimmte ihn nachdenklich, denn einerseits fühlte er sich in seinem Einfallsreichtum bestätigt, doch andererseits hatte man ihm seine Erfindung geklaut. Er drückte Tasten, die jeweils einer Station entsprachen, spielte verschiedene Möglichkeiten durch und ließ sogar mehreren Personen den Vortritt, um gleich darauf ungestört seinen privilegierten Dialog mit der Maschine fortsetzen zu können. Man mußte kein Hellseher sein, um zu erraten, daß er sich mit dem Gedanken trug, seine Bretagne-Karte gleichfalls zu elektrifizieren: anstelle der bunten Nadelköpfe und eines Garnknäuels als Ariadnefaden eine Reihe von Lämpchen, die wie eine Lichterkette am Weihnachtsbaum sein Wochenprogramm illuminierten.

Für einen modernen Menschen wie ihn lag hierin die Logik des Fortschritts. Doch dann glaubten wir von seiner Mimik und den zusammengekniffenen Lippen ablesen zu können, daß er sich die Idee aus dem Kopf schlug. Es gehörte wohl doch nicht zu seinem Metier, dieses ausgetüftelte Netzwerk aus Weichen und elektrischen Kabeln. Vielleicht war es ihm auch nur zu kompliziert, oder ein gewisse Trägheit hatte ihn unversehens befallen. Außerdem: Wozu das Ganze? Hatte er nicht bereits mit dem Gedanken gespielt, sich in den Ruhestand zu begeben, mit den langen Irrfahrten Schluß zu machen und, wie es der Direktor des Krankenhauses, das zugleich Pflegeheim von Random war, vorgeschlagen hatte, dessen Nachfolge anzutreten? Leuchtanzeigen und blinkende Lämpchen – davon gäbe es in der Telefonzentrale und in den Bereitschaftszimmern jede Menge. An Gelegenheiten, seinen Erfindungsreichtum unter Beweis zu stellen, würde es nicht mangeln. Und was seinen zukünftigen Arbeitsweg betraf, so hätte er fortan nur noch dreihundert Meter zu gehen. Kein Grund, sich eine Generalstabskarte ins Büro zu hängen.

Von der Porte Dorée zum Hôtel des Invalides zu gelangen, war ein Kinderspiel: direkte Linie, ohne Umsteigen. Die Lage unseres Hotels war also klug gewählt. In Papas Bibliothek gab es eine Biographie Napoleons, deren Einband ein von Baron Gros gemaltes Bild zierte, auf dem Bonaparte mit zerzaustem Haar die Brücke von Arcole überquert und einen beunruhigten Blick zurückwirft, als befürchtete er, die anderen würden ihm nicht folgen. Dies hätte seiner Karriere ein frühzeitiges Ende bereitet. Doch man war ihm gefolgt, und so ruhte er nun, ein Kuckucksei inmitten des Louis-XIV.-Pomps, unter dem gigantischen vergoldeten Dom Hardouin-Mansarts in seinem Mausoleum aus rotem Porphyr und war der Neugier der Menge ausgesetzt, die sich an der Balustrade der kreisrunden Empore drängte, um tief unten, in der Mitte der offenen Krypta, die kaiserliche Asche zu bestaunen – dabei hatte nie jemand auch nur im Traum daran gedacht, seinen Leichnam einzuäschern, nicht einmal die Engländer: Dahinter steckte zweifellos die traumatische Erfahrung mit Jeanne d'Arc. »Asche« macht mehr her als »sterbliche Reste«, bei denen man sich immer fragt, wie man sie nur unterbringen soll. Der Gast aus Longwood auf Sankt Helena war alles andere als leicht unterzubringen. Von der Biographie einmal abgesehen, hatte Napoleon nicht gerade einen Sonderplatz im Pantheon unserer Familie inne, höchstens beim Cousin Rémi, dessen Geburtstag mit dem Tag der Kaiserkrönung und der Schlacht bei Austerlitz zusammenfiel, was er bei geeigneten Anlässen nie zu erwähnen versäumte – möglicherweise eine versteckte, auf Joseph gemünzte Retourkutsche, denn der war am 22.2.22 geboren und sah in dieser bemerkenswerten Zahlenfolge einen Fingerzeig des Schicksals, eine Zauberformel, zweifellos zu Unrecht, wenn man sich sein karg bemessenes Leben vor Augen hält.

Der Anreiz, Napoleons zu gedenken, hätte allein wohl kaum ausgereicht, um uns in den Invalidendom zu locken, aber es gab für unseren Besuch noch einen tieferen Grund. Nachdem unser Vater sich kurz über die kaiserliche Grabstätte gebeugt hatte, ohne dem pompösen Flachrelief der Krypta, das den neuen Herrscher der Christenheit von seinen Generälen wie von Aposteln umringt darstellte, sonderlich Beachtung zu schenken, machte er sich daran, unter den Hunderten von Fahnen die des Siebenten Dragoner-Regiments herauszufinden, dem sein Vater angehört hatte. Nach mehreren im Schützengraben verbrachten Kriegsjahren gibt ein Dragoner kein besseres Bild ab als ein einfacher, von Leid und Kälte gezeichneter Frontsoldat. Das Foto, das Pierre in schlammbespritzter Uniform aus blauem Tuch an der Front zeigt und auf dem er trotz allem lächelt, um die Seinen nicht zu beunruhigen, hat nicht mehr viel gemein mit der aus der Zeit seiner Grundausbildung einige Jahre vor Ausbruch des Krieges stammenden Aufnahme, auf der er, einen Helm mit langem Federbusch auf dem Kopf und ein Schwert an der Seite, in einer schmucken, mit Goldschnüren besetzten Uniform zu sehen ist, deren Kragen zwei aufgestickte Siebener zieren, und stolz die Brust herausstreckt. Bedenkt man jedoch, wem dieses Foto gewidmet ist, dann begreift man, daß er mit seinem stattlichen Erscheinungsbild vor allem seine Verlobte und zukünftige Ehefrau betören wollte. Der Feldwebel der Furiere, der auf einem anderen Foto aus derselben Zeit mit seinen Waffenbrüdern gutgelaunt vor der hufeisenförmigen Freitreppe von Schloß Fontainebleau posiert – sein Regiment war am Ort stationiert –, hätte sich damals gewiß nicht einmal im Traum ausgemalt, daß die Ausgelassenheit der Schwadron eines Tages in einem Theater des Schreckens enden würde. Von den vier Jahren, die er an der Front kämpfte, brachte er eine tiefe Abscheu gegen alles Militärische mit nach Hause, und er sollte sie an seinen Sohn weitergeben, der seinerseits, als er nach zwei im Untergrund verbrachten Jahren der regulären Truppe eingegliedert wurde, ohne mit der Wimper zu zucken einem Offizier, dessen Befehl er für vollkommen schwachsinnig hielt, einen Camembert an den Kopf warf – eine Tat, die, wie man unschwer errät, für ihn nicht ohne Folgen blieb.

Und nun stand unser Vater hier, reckte die Nase in die Luft und versuchte die Fahne seines eigenen Vaters unter all den erbärmlichen Trophäen zu entdecken, die seinerzeit den armen, hilflos die Stange umklammernden Fahnenträger zu einer idealen Zielscheibe für die gegnerischen Schützen gemacht hatten. Dicht an dicht wie Stoffballen in einem Bazar hingen sie mehrere Meter über dem Boden, und seine einzige Hilfe bei der Suche nach der richtigen Fahne waren ein paar Sätze aus alten Briefen und verblichene Insignien, deren Formen sich in den goldenen, blauen und purpurnen Falten verloren. Während er sie eine nach der anderen Revue passieren ließ, legte er den Kopf in den Nacken und musterte sie so eingehend, als wollte er um jeden Preis die »napoleonische« Asche seines Vaters finden und mit nach Hause nehmen. Schon bald wurde ihm von der unbequemen Haltung schwindlig, und so senkte er den Kopf, fuhr sich mit der Hand durch das weiße Haar, zog wie mechanisch das Röhrchen Schmerztabletten aus der Tasche und stützte sich, nachdem er eine der Tabletten geschluckt hatte, mit den Ellbogen auf die Balustrade, um seine Enttäuschung zu kaschieren, indem er mit schmerzlicher Miene das Grabmal betrachtete.

Als wir in einer Brasserie in der Nähe unseres Hotels zu Abend aßen (wir bestellten vier Tage lang dasselbe Menü, was uns vom zweiten Abend an seitens des Kellners ein komplizenhaftes »Dasselbe wie immer« einbrachte und uns auf die einmal getroffene Wahl des Gerichts festnagelte, so daß wir bis zum Ende unseres Aufenthalts nichts mehr daran ändern konnten), befiel ihn plötzlich Unwohlsein. Er hatte sich in Schweigen gehüllt, seit wir zu essen begonnen hatten. Der Ausflug zum Invalidendom hatte ihn sichtlich erschöpft. Vor den Kassen hatten sich lange Schlangen gebildet, und er selbst hatte in seinem grauen Anzug im Regen gestanden, den Kragen seines Sakkos als lächerlichen Schutz hochgeschlagen, die hohle Hand vor die Flamme des Feuerzeugs gehalten, wenn er sich eine Zigarette anzündete, und unser Angebot, ihn abzulösen, ausgeschlagen, nur damit wir uns in einem der Portale unterstellen konnten. Und dann die vergebliche Suche nach der Fahne seines Vaters. Nach der Rückkehr ins Hotel hatte er sich ausgebeten, vor dem Abendessen ein wenig ruhen zu dürfen.

Sein Schweigen bei Tisch war nicht eines von der Art, das man sich zu brechen traut. Wir führten es auf seine Enttäuschung zurück und wechselten untereinander ein paar Worte, als seine Gabel plötzlich mitten in der Bewegung über dem Teller innehielt. Er wirkte verstört und verzerrte das Gesicht. »Joseph, was ist mit dir?« Unter den Blicken der anderen Gäste eilte der Kellner an unseren Tisch, doch da legte Papa langsam die Gabel auf den Tellerrand, faßte sich an die Brust und atmete tief durch. »Es ist nichts, nur ein kleiner Schwindelanfall.«

Es ist ein Tag nach Weihnachten. An der Seitenwand des Schuppens, in dem Wäsche zum Trocknen hängt, lehnt eine Leiter. Dein Vater ist auf das Wellblechdach gestiegen, und während er die Äste des Pflaumenbaums stutzte, die sich in den Telefonleitungen verfangen haben, setzt er, um nicht durchzubrechen, die Füße nur auf Stellen, unter denen Dachsparren verlaufen. Der Wind schüttelt die nackte Baumkrone. Er, der stets auf der Hut ist, sägt auch die anderen Äste in der Nähe der Leitungen ab, weil der sich zusammenbrauende Sturm sonst alles fortreißen könnte. Nachdem er wieder heruntergeklettert ist, wobei er sich übervorsichtig an der Leiter festgehalten hat, verkündet er, daß er sich nicht wohl fühle. Das überrascht dich ein wenig, denn die soeben verrichtete Arbeit ist für ihn nichts Außergewöhnliches. Verglichen mit der aufwendigen Renovierung von Haus und Garten fällt das Auslichten des Pflaumenbaums wohl eher unter die kleineren Wartungsdienste. Du hast gesehen, wie er Berge oder zumindest Teile davon versetzt und im hinteren Teil des Gartens gehortet hat, also kann ihn das bißchen Sägerei nicht dermaßen erschöpft haben. Dem Alter ist seine Ermüdung wohl kaum zuzuschreiben: Schließlich ist er gerade erst einundvierzig, doch sein frühzeitig ergrautes Haar und die bloße Tatsache, daß er dein Vater ist, lassen ihn in deinen Augen nicht eben als jungen Mann erscheinen.

Dabei ist dir nicht entgangen, daß er seit einiger Zeit Beschwerden hat und unablässig Schmerztabletten schluckt. Nicht etwa, daß er es versäumt hätte, einen Arzt zu konsultieren, im Gegenteil, er hat so viele Ärzte zu Rate gezogen, daß er am Ende nicht mehr gewußt hat, wo ihm der Kopf steht, und sich schließlich aus lauter Verzweiflung für den morgigen Tag einen Termin bei einem Heilkundigen hat geben lassen. Das sollst du allerdings erst viele Jahre später verblüfft feststellen, als du in seinem Kalender blätterst. Dieses schriftliche Vermächtnis erweckt den befremdlichen Eindruck, daß er am Tag nach seinem Tod noch am Leben gewesen ist und sein Ableben in Wirklichkeit auf den Tag zu datieren ist, an dem sein Kalender das erste unbeschriebene Blatt aufweist. Dir drängt sich der Gedanke auf, daß der Heiler vom Land ihn mit seinen empirischen Methoden vielleicht hätte retten können.

Die angesehensten Spezialisten haben unter Berufung auf die von ihnen angefertigten Röntgenaufnahmen erklärt, daß seine Rückenschmerzen vom Verschleiß der Bandscheibe herrühren, und ihm geraten, keine schweren Lasten mehr zu tragen. Was die Koffer angeht, so kommt er um das Schleppen nicht herum, es sei denn, er gibt seinen Beruf auf – eine Überlegung, die ihm nicht fremd ist. Immerhin hat er die Umgestaltung des Gartens, für die er bereits ein paar außergewöhnliche Steine gesammelt hat, auf einen späteren Zeitpunkt verschoben. Sie verschwinden allmählich unter hohem Gras und warten darauf, daß sein schmerzender Rücken ihn endlich in Frieden läßt.

Von dieser Hoffnung beseelt, steht er jeden Morgen eine Viertelstunde früher auf und macht eine lange Folge gymnastischer Übungen, die er beim Orthopäden einstudiert und schriftlich festgehalten hat, damit er sie nicht vergißt. Auf dem Bettvorleger ausgestreckt, das aufgeschlagene Heft neben sich, ringt er sich mehrere »Klappmesser« und Beugungen des Oberkörpers ab, bei denen er die Beine strecken und mit den Fingern die Zehenspitzen berühren muß, was ihm, groß, aber kurzarmig wie er ist (die Ärmel all seiner Hemden haben auf Höhe des Bizeps einen Abnäher), nicht eben leicht fällt. Nach den Übungen ist er jedesmal wie gerädert und voller Zweifel, ob seine abgenutzte Bandscheibe durch sie wirklich wieder heil wird. Wie dem auch sei – sollte sich keine Besserung einstellen, ist es jedenfalls nicht seine Schuld.

Sein Leiden isoliert ihn. Vorbei ist es mit den sonntäglichen Familienausflügen. Den Vormittag seines Ruhetags verbringt er im Bett, und wenn er endlich aufsteht, dann nur, um nach der obligatorischen Gymnastik, den Kopf auf die Hände gestützt, die immer selben Platten zu hören, die er schon seit Monaten abspielt. Der Plattenspieler selbst ist natürlich Marke Eigenbau: lediglich den Motorblock und den Plattenteller hat er gekauft und aus Sperrholz ein Gehäuse gebastelt, das er außen mit grünem, selbstklebendem Lederimitat und innen mit einer marmorierten Plastikfolie überzogen hat. Den Lautsprecher dazu liefert das Radio. Unermüdlich legt er sein Lieblingsensemble auf, so etwas wie die erwachsene Ausgabe von Petits Chanteurs à la croix de bois, allerdings mit weniger Mitwirkenden, nämlich einem Solisten mit wunderbar geschulter Stimme, der nie den Eindruck vermittelt, als müßte er sich in den höheren Tonlagen abmühen, und acht Chorsängern, deren Beitrag sich hauptsächlich auf den Refrain beschränkt, bei dem sie Glockengeläut oder etwas Ähnliches nachahmen müssen. Zweifellos entsprechen sie Papas Sinn für Kameradschaft und Solidarität. Ganz gleich, ob sich die Fußballmannschaft, die Theatergruppe oder die »Vierziger« treffen – den Abschluß bilden immer ein paar Lieder. Ob er sich unbewußt mit dem Vorsänger des Ensembles identifiziert hat? »Sie hätten ihn auf der Bühne sehen müssen, Joseph. Er hätte genausogut Schauspieler werden können.« Wieviel Bedauern schwingt wohl in seinen Träumereien mit?

Er sitzt allein in einer Ecke der Küche und hört seine Platten. Dazu hat er einen Stuhl neben den

Apparat gestellt und Zigaretten, Feuerzeug und Aschenbecher in Reichweite auf einem Tischchen bereitgelegt. Gefällt ihm ein Lied besonders gut, spielt er es sofort noch einmal, indem er den Tonarm hochhebt und vorsichtig, um die Scheibe nicht zu zerkratzen, am Anfang der Langspielplatte absetzt. Die Klingel der Ladentür, die genau über dem Plattenspieler an der Wand angebracht ist, bereichert den Chorgesang bisweilen um eine schrille Note. Von Mal zu Mal macht er sich später auf den Weg zur Kirche, selbst wenn die Glocken, die zur Elf-Uhr-Messe rufen, schon lange läuten. Die mangelnde Eile mag tiefere Gründe haben. Kürzlich hat er seine Anfechtungen Pfarrer Bideau anvertraut, der daraufhin nicht etwa zu einer seiner drohenden Tiraden ausholte, sondern ihn vielmehr mit den Worten tröstete, selbst größte Mystiker hätten die Qualen geistiger Umnachtung durchlebt. Ihre Gesellschaft schmeichelte ihm zwar, doch für jemanden wie ihn, der eher einen Köhlerglauben hatte, war sie nicht von großer Hilfe. Übrigens sollte Pfarrer Bideau zu spät eintreffen, um ihm die letzten Sakramente zu erteilen, gleichsam ein Symbol ihres Bruchs.

Kaum hat er Leiter und Säge weggeräumt und die Äste in die Werkstatt gebracht, um sie später zu zerkleinern, verkündet er, er wolle nach oben gehen und sich hinlegen. Am hellen Nachmittag ist dies für ihn so ungewöhnlich, daß wir aufgefordert werden, nicht soviel Krach zu machen: »Euer Vater ist müde.« Die Küche, in der wir spielen, befindet sich genau unter seinem Zimmer. Also setzen wir uns an eine Ecke des Tischs, um zu malen oder schweigend eine Partie Karten zu spielen, nicht ahnend, daß dies der Beginn einer Art Totenwache ist. Am Neujahrstag wird Mathilde, die Mutter seines Cousins Rémi – die beiden wohnen in dem Haus, das an unseres grenzt –, ein wenig beschämt und in fast entschuldigendem Tonfall eingestehen, als gelte es, das Unfaßbare um eine neue Facette zu bereichern, sie habe sich sein Unwohlsein damit erklärt, daß er an Heiligabend zuviel Schokolade gegessen habe.

Abends kommt er nicht zum Essen herunter, sondern bleibt im Bett. Wahrscheinlich läßt er sich die Suppe nach oben bringen oder hat den Wunsch geäußert, nichts zu essen. Am besten, du läßt ihn in Ruhe. Du siehst ihn erst später, als du selbst zu Bett gehst. Es muß etwa zehn Uhr sein, und du betrittst scheu sein Zimmer, um ihm einen Gutenachtkuß zu geben. Dir fällt nichts Ungewöhnliches auf: Da liegt dein Vater in seinem Pyjama, ein Kissen als Stütze unter dem Rücken, und liest im Lichtkegel der Nachttischlampe. Das Bild ist dir vertraut, warum im Himmel solltest du dich also beunruhigen? Da morgen der 27. Dezember und somit der Tag Johannes' des Evangelisten ist, versäumt er beim Gutenachtkuß nicht, dir alles Gute zum Namenstag zu wünschen. Er macht dir ein bißchen Angst, dieser Mann, obgleich er nie die Hand gegen dich erhoben hat, aber von ihm geht eine solche Strenge aus, daß du oft kein Wort herausbringst. Was für ein Gesicht wirst du Jahre später machen, als du erfährst, daß er dir diesen Namen gegeben hat, weil so der Lieblingsjünger Jesu hieß? Darauf wirst du fortan sehr stolz sein und jedesmal lauthals protestieren, wenn man ihn mit dem anderen Johannes verwechselt, dem vom 24. Juni, mit Johannes dem Täufer, den man einen Kopf kürzer gemacht hat. Und noch viel später wird dir bewußt, daß es gleichfalls der Lieblingsjünger Jesu war, der Bericht erstattet hat: »Dieser Jünger ist es, der all das bezeugt und der es aufgeschrieben hat.«

Manchmal wirst du behaupten, die letzten Worte, die er an dich gerichtet habe, seien die Glückwünsche zum Namenstag gewesen. Nicht etwa, weil du den Wunsch verspürst, die Wahrheit zu frisieren (»Wir wissen, daß sein Zeugnis wahr ist«), sondern weil sie ein Finale bilden, das durch die Koda nicht sonderlich aufgewertet würde, die darin bestanden hat, daß du ihm, sicher auf Betreiben deiner Mutter, sein Feuerzeug gebracht hast. Mag sein, daß die Initiative sogar von dir selbst ausgegangen ist, weil du hofftest, durch derartige Gefälligkeiten die Gunst deines Vaters zu gewinnen, der in deinem Leben immer nur Gastspiele gegeben hat und bei dem du nie so recht weißt, wie du an ihn herankommen sollst. Du kehrst also, schüchtern wie immer, in sein Zimmer zurück, doch ist nicht etwa sein Leiden Grund deines Verhaltens: Die Zurückhaltung, verstärkt durch die Angst, die er in dir auslöst, ist alles andere als ein Ansporn.

Du legst das Feuerzeug auf den Nachttisch und wartest auf ein paar lobende Worte, auf jenes Lächeln, das, wie du jetzt begreifst, während du auf den Fotos danach suchst, ein sehr liebenswertes Lächeln war. Es kommt dir nicht in den Sinn, darin ein beunruhigendes Zeichen zu sehen, daß er seit dem Spätnachmittag nicht mehr geraucht hat. Schließlich hat er mehrmals die Absicht bekundet, mit dem Rauchen aufzuhören. Etwa auf Anraten des Arztes? Schade wäre es nur um sein Feuerzeug, ein Geschenk zu seinem Vierzigsten. Es ist aus poliertem Onyx, hat an der Seite ein gerändeltes Rädchen und oben einen Knopf, auf den man drücken muß, damit das Gas herausströmt – für die gleichzeitige Bedienung werden beide Hände gebraucht. Vergeblich hat dein Vater die Funktionsweise erklärt und dir geholfen, Daumen und Zeigefinger an die richtige Stelle zu legen, wobei sich deine Hand in die Mulde seiner Hand schmiegte. Das Feuerzeug zählt zu jenen Gegenständen, die eine Art Rubikon bilden, indem sie die Grenzen deiner Kindheit abstecken.

Er bedankt sich bei dir. Dies sind seine allerletzten Worte. Danach sollst du von ihm nichts mehr hören als ein schmerzerfülltes Röcheln, das von Minute zu Minute schwächer wird, während er im Badezimmer auf dem Boden liegt und mit dem Tod ringt.

Du gehst zurück in dein Zimmer. Du schlüpfst unter die beiden Decken und das bauschige, mit Gänsefedern gefüllte Plumeau, stößt mit den Füßen die siedend heiße, in einen Baumwollbeutel gehüllte

Wärmflasche aus Gummi beiseite, die für dich die Laken vorgewärmt hat. Draußen frischt der Wind zu einem Sturm auf, läßt nebenan das Blechschild und die mit Ketten am Querbalken eines Masts aufgehängte Reklametafel der Tankstelle quietschend hin und her schwingen. In das Gequietsche mischt sich das Klappern von Schieferplatten, die von den Dächern gerissen werden und auf dem Boden zerschellen. Oder ein nicht zu definierendes Etwas poltert, vom Wind getrieben, durch die Ortschaft, ein Fensterladen klappert, eine Bank kippt um, ein Blumentopf stürzt sich ohne Netz aus dem ersten Stock eines Hauses. Der Atlantik ist bekannt für seine Stimmungsumschwünge, die dich jedoch eher in den Schlaf wiegen, als daß sie dich beim Einschlafen stören.

Wohlbehütet und in wohliger Wärme liest du *Oberst Chabert*. Nach der von Géricault stammenden Abbildung des Cavalier auf dem Buchdeckel zu urteilen, handelt es sich um eine gekürzte Ausgabe für die Jugend, doch für den Fall, daß dich später einmal Zweifel beschleichen, ob du wirklich ein frühreifer Leser gewesen bist, brauchst du dich nur daran zu erinnern, daß dich am ersten Weihnachtstag, in deinem zwölften Lebensjahr, ein zwingenderer Grund als bloße Langeweile veranlaßt hat, die Lektüre eines Romans von Balzac zu unterbrechen. Deine Schwestern im Zimmer nebenan – die Verbindungstür steht immer offen, damit die warme Luft besser zirkulieren kann – lesen ebenfalls. Das Getuschel nach dem Zubettgehen ist verstummt, an seine Stelle ist das Rascheln der Seiten getreten – Vorspiel des Schlafs. Plötzlich reißt dich ein dumpfes Geräusch, das sogar das Tosen des Sturms übertönt und aus dem Inneren des Hauses kommt, aus der Lektüre, ein Geräusch, das so klingt, als wäre ein schwerer Körper zu Boden geschlagen, und gleich darauf hörst du den entsetzten Aufschrei deiner Mutter. Du springst aus dem Bett und rennst zum Badezimmer. Als du die Tür aufstoßen willst, hindert dich ein sperriger Gegenstand daran. Du läßt nicht locker, bis deine Mutter dich fast schreiend auffordert, von der anderen Seite zu kommen. Also gehst du durch das nur von den Nachttischlampen erhellte Schlafzimmer deiner Eltern, das zu drei Vierteln im Dunkeln liegt. Das breite Bett ist leer, die Decken sind zurückgeschlagen. Im angrenzenden Badezimmer erblickst du im grellen Neonlicht deinen Vater: Er liegt mit dem Rücken auf dem grauen Linoleumboden, die Augen sind geschlossen, der Mund steht offen, die Beine blockieren die Tür zum Flur. Er atmet heftig und röchelt dabei heiser, als wäre die Kehle verstopft. Deine Mutter beugt sich über den großen, mit dem Tod ringenden Leib, faßt ihn an den Schultern und müht sich vergeblich, ihn aufzurichten. Sie umschließt das reglose Gesicht mit den Händen. Ihm ist übel geworden – »Wir müssen rasch den Doktor rufen« –, er ist aufgestanden, und dann hat sie im Spiegel über dem Waschbecken gesehen, wie er plötzlich das Gesicht verzerrte.

Noch bevor sie ihm zu Hilfe kommen konnte, ist er nach hinten gekippt. Er ist der Länge nach hingeschlagen, der Boden hat gebebt – »Ruft schnell den Arzt« , und im Fallen ist er mit dem Kopf gegen die Wand geschlagen.

Nine, die Älteste, ruft den Arzt an. Vergeblich. Offenbar ist die Verbindung gestört. Der Sturm. Deine Mutter trommelt gegen die Trennwand in deinem Zimmer, um Rémi, der dahinter schläft, zu Hilfe zu rufen. Sie schreit und weint, während sie die Wand mit den Fäusten bearbeitet. Als Rémi sie hört, öffnet er das Fenster. Nach einem aufgeregten Wortwechsel im Wind, der die Stimmen davonträgt, verkündet Mathilde, die neben Rémi getreten ist und deren weißes, von einer Nachthaube umschlossenes Haar man sehen kann, wenn man sich ein wenig vorbeugt, sie werde Doktor Maubrilland holen. In ihren Morgenrock gehüllt, eine Jacke von Rémi über den Schultern – in der Eile hat sie genommen, was ihr unter die Finger kam – und den Kopf mit einem fest unter dem Kinn zusammengeknoteten Tuch bedeckt, stürzt sie hinaus in das Unwetter, mitten hinein in den Regen aus Schieferplatten, die durch die Luft wirbeln, bevor sie auf der Straße zerbersten. Geduckt stemmt sie sich gegen den Wind, und die Schöße des Morgenrocks flattern wie Flügel eines Vogelmenschen. Auch Rémi rennt los, um Tante Marie in ihrem Puppenhäuschen zu benachrichtigen, er läuft, so gut er eben kann, und zieht dabei sein Hinkebein nach, das er bei jedem Schritt einem unter ihm wegsackenden Boden zu entreißen scheint. Wenig später kommen sie beide aus dem Garten herein, wobei ihm unsere kleine Tante, die sich über das Nachthemd einen schwarzen Mantel angezogen hat, mit hastig trippelnden Schrittchen vorauseilt. Kaum haben sie die Türschwelle übertreten, senkt sich plötzlich tiefe Dunkelheit übers Land. Rémi hat sein Sturmfeuerzeug dabei, mit dem er sich regelmäßig die Nasenspitze versengt, wenn er seine in Maispapier gewickelte Zigarette zum x-tenmal anzündet. Mit seiner schönen kräftigen Stimme, die ihm den Posten eines Vorsängers bei großen liturgischen Feierlichkeiten eingebracht hat, verkündet er den im Haus Versammelten, es gebe keinen Grund zur Beunruhigung, er wisse, wo die Petroleumlampen zu finden seien. Doch so genau weiß er es offenbar auch wieder nicht, nach der geräuschvollen Kramerei im Schrank zu urteilen. Um an das oberste Fach heranzukommen, verlangt er von Marie einen Stuhl und befiehlt ihr, sich zu beeilen, weil er sich sonst an seinem Feuerzeug, diesem Schweißbrenner im Kleinformat, noch verbrennt. Ein kurzer, ungehaltener Wortwechsel mit gedämpften Stimmen – doch da flackert im Treppenhaus ein Licht auf. Deine Mutter tritt vor den Retter in der Not. Im Schein ihrer Lampe erblickt Rémi ein armes, verstörtes Gesicht und legt mit zärtlicher, mitleidiger Geste seine freie Hand auf die Schulter der künftigen jungen Witwe. »Der Doktor kommt gleich, es dauert nicht mehr lange«, sagt er.

Und ob es dauert. Da auch die Klingel nicht funktioniert, wirft Mathilde am Haus, in dem der Arzt wohnt, Kieselsteine ans Fenster, doch er hört sie nicht, weil sein Schlafzimmer zum Garten hinaus geht. Vielleicht will er sie auch nicht hören. Du wirst ihn noch lange verdächtigen, sich taub gestellt zu haben, wenn er zu seiner Verteidigung vorbringt, er habe die »Hagelkörner« an seiner Fensterscheibe dem Unwetter zugeschrieben. Unterdessen hat Rémi im Badezimmer eine Petroleumlampe auf ein Schränkchen gestellt, so nah wie möglich neben dem am Boden liegenden Körper, dessen Röcheln immer schwächer wird. Tante Marie schiebt uns drei vor sich her in das größere der beiden zur Straße gelegenen Zimmer. Die Bücher deiner Schwestern liegen noch auf dem Bett und sind auf der schicksalhaften Seite aufgeschlagen. Die kümmerliche Flamme der Kerze auf dem Nachttisch, die in einem Kerzenhalter aus roter Keramik steckt, beläßt das Gewirr aus Ofenrohren, dieses vom Vater ausgetüftelte Heizsystem, im Schatten. Als unsere kleine Tante ans Fenster tritt, um nach Mathilde Ausschau zu halten, stößt sie versehentlich mit der Stirn heftig gegen ein schräg verlaufendes Rohr, denn sie, diese Frau im Taschenformat, ist nicht daran gewöhnt, sich ducken zu müssen. Halb benommen murmelt sie »Joseph«, wobei wir nicht wissen, ob sie über sein Erfindungstalent schimpft oder ihn zu Hilfe ruft. Selbst wenn Joseph sie hätte hören können, hätte es nichts genützt, denn ihm verbleibt gerade noch so viel Luft, um auf den Spiegel, den man ihm vor den Mund hält, einen Dunstkreis zu hauchen. Nachdem Tante Marie sich vergewissert hat, daß das große Röhrensystem nicht womöglich zusammenbricht, reibt sie sich die Stirn und drückt jedem von uns einen Rosenkranz in die Hand. Ihre Rosenkränze – sie hat die Taschen voll davon, und sie verheddern sich immer zwischen den Taschentüchern – sind von schlichter Machart: schwarze Kügelchen und silberne Kettenglieder. Sie bedenkt uns mit einem ungehaltenen Blick, als wir uns zu dritt in einem Bett aneinanderdrängen, während sie selbst sich mit knackenden Gelenken auf dem Bettvorleger auf die Knie fallen läßt, die Arme vor der Brust kreuzt, das Gesicht dem Himmel (das heißt der Zimmerdecke) zuwendet, die Augenlider senkt und alsdann unter unserer Mitwirkung eine Art Gebetsmarathon anstimmt: »Vater Unser, der Du bist im Himmel, geheiligt werde Dein Name«, gefolgt von zehn »Gegrüßet seist Du Maria, voll der Gnade, der Herr sei mit Dir«, dann wieder ein Vaterunser, dem sich abermals zehn Ave Maria anschließen (wodurch der Frau zehnmal mehr Bedeutung zukommt), und mit jeder Perle ihres Rosenkranzes, die sie durch die Finger gleiten läßt, legt sie mehr Tempo vor, bis wir mit dem Zählen durcheinanderkommen, was uns eine gereizte Bemerkung ihrerseits einbringt, als wir statt eines Vaterunsers ein Ave Maria herunterleiern.

Vom Flur her dringt das Geräusch eiliger Schritte und aufgeregter Stimmen an unser Ohr, woraus wir schließen, daß nun endlich der Doktor eingetroffen ist. Mathilde steckt den Kopf zur Tür herein, um unsere Vermutung zu bestätigen. Schlagartig erhöht unsere kleine Tante die Geschwindigkeit, als hätte sie beschlossen, ihre Kräfte mit denen des Arztes zu vereinen und mit ihm diese letzte Schlacht zu schlagen. Sie fordert erst Mathilde auf, sich der Runde anzuschließen, und gleich darauf auch Rémi, als er zu uns hereinkommt, doch beide sind der Meinung, daß unsere Mutter sie in diesem Moment besser gebrauchen kann. Solche rationalen Überlegungen leuchten Tante Marie jedoch nicht ein. Sie ist von der Macht des Gebets so fest überzeugt, daß sie den beiden am liebsten die Schuld geben würde, sollte die Geschichte zufällig schlimm ausgehen. Um die verheerende Wirkung des verweigerten Beistands auszugleichen, betet sie noch lauter, und schon bald ernten wir die Früchte ihres frommen Eifers: das Licht geht wieder an. Dennoch lassen wir aus Angst vor einem neuerlichen Stromausfall die Kerze brennen, obgleich es den Anschein hat, als würde sich der Sturm legen. Durch diesen ersten Sieg ermutigt, betet unsere kleine Tante nun noch geschwinder, und diesmal kommen wir endgültig aus dem Tritt, denn das Tempo eines wirbelnden Derwischs, das sie mit ihrem Rosenkranz vorlegt, können wir nicht durchhalten. Wir lassen sie mit ihren langatmigen Beschwörungen allein, unsere vom Glauben an die göttliche Macht und von Heilserwartungen beseelte Tante. Obwohl ihr zerknittertes Gesichtchen kaum die Oberkante der Matratze überragt, kommt es uns vor, als würde sie schweben, und mit einem Blick aus den Augenwinkeln vergewissern wir uns, daß ihre Knie den Boden nicht verlassen haben. Das Geleier ihres Gebets lullt uns ein, und Schläfrigkeit überkommt uns. Wir hätten nicht zu sagen gewußt, wieviel Zeit seit dem tragischen Sturz vergangen war, als jemand – wer, haben wir vergessen – die Tür unseres Zimmers aufstößt und nach kurzem Zögern unumwunden verkündet: Es ist vorbei.

Eine vage Aussage, die auf tausend verschiedene Situationen zutreffen könnte. Dennoch begreifen wir augenblicklich, daß soeben, am 26. Dezember 1963, unser Vater im Alter von einundvierzig Jahren gestorben ist.

II

Gewiss war er einer von denen, die außer dem Leben wenig zu verlieren hatten, doch am Leben hing er dafür um so mehr. Man brauchte sich nur an Allerheiligen des Jahres 1941 zu erinnern, als sich der hochgewachsene, traurige junge Mann im schwarzen Mantel über das Grab der Seinen beugte, unfähig, sich von der magnetischen Kraft der Grabplatte aus Granit loszureißen, in die zu beiden Seiten des liegenden Kreuzes die Namen seiner Eltern und die Schicksalsdaten seines noch so frischen Unglücks eingraviert waren. Fünfzehn Monate waren seither vergangen, und er hatte gelernt, mit ihren Schatten zu leben, als er eines Morgens im Februar an seinem einundzwanzigsten Geburtstag eine Vorladung der Präfektur von Nantes erhielt, in der man ihm mitteilte, eine zuständige Kommission habe ihn zur Zwangsarbeit in Deutschland vorgesehen. Diese Maßnahme war erst vor kurzem eingeführt worden. Er sollte als einer der ersten in ihren Genuß kommen. In den deutschen Fabriken mangelte es an

Arbeitskräften, da fast alle Männer einberufen waren, um die Einbrüche an den Fronten abzuriegeln, und so hatten die deutschen Behörden der Regierung von Vichy Weisung erteilt, »sämtliche Franzosen ohne nützliche Arbeit zum Wohle des Landes zu erfassen«. Besagte Kommission hatte befunden, daß der hochgewachsene, traurige junge Mann dieser Beschreibung entsprach, denn er hatte zwar ohne große Begeisterung den kleinen, von seinen Eltern ererbten Laden übernommen, weil es zu jener Zeit keine große Auswahl gab und man von irgend etwas leben mußte, doch war dieser für die Gemeinde durchaus entbehrlich.

Wie einem Internatsschüler die Wäscheausstattung vorgeschrieben wird, so war im Brief aufgelistet, was er mitzubringen hätte: warme Kleidung, »strapazierfähige sowie Ausgehschuhe«, Reiseproviant für zwei Tage sowie drei Fotografien zwecks Ausstellung eines Reisepasses. Dazu packte er so viele Bücher, wie sein Koffer fassen konnte, darunter *Die drei Musketiere*, wovon er im Verlauf des hinter ihm liegenden düsteren Jahres eine Bühnenfassung geschrieben hatte, eine sehr freie Adaption nach dem Vorbild mancher erfolgreicher Theaterstücke nach populären Romanen, die die kleine, aus Freunden gebildete Laientruppe seit einigen Jahren mit großem Vergnügen aufführte: *Die Geheimnisse von Paris*, *Der Glöckner*, *Der Graf von Monte Christo* und ein (für all jene, die das Stück gesehen hatten und noch immer davon redeten) unvergeßliches Pastiche nach

Jules Verne mit dem Titel *In achtzig Minuten um die Bühne*, mit großem technischem Aufwand – der Korb eines Fesselballons, der am Schnürboden nach oben schwebte, ein Fliegender Teppich, Versenkungen, plötzlich verschwindende oder auftauchende Personen, gemalte Kulissen – sowie einem Elefanten aus Pappe und einem lebenden Dromedar, das der Freundeskreis eigens aus La Baule herbeischaffte, wo es im Sommer groß und klein auf dem langen Strand aus feinem Sand spazierengetragen und das restliche Jahr über in einer Garage dahinvegetiert hatte, bis man es im Triumphzug zu Fuß nach Random holte. Die Menschenmenge, die sich am Abend der Premiere im Saal drängte, bereitete dem Dromedar einen Empfang wie einem Star, doch das große, blasierte Tier hatte dafür nur eine verächtliche Schnute übrig.

Als er den Freunden von seinem Vorhaben erzählte, Dumas' Werk für die Bühne zu bearbeiten, hatten sie gedacht, daß er sich selbst die Rolle d'Artagnans oder zumindest die eines der drei Musketiere zuteilen würde, doch er eröffnete ihnen, er wolle, sofern sie einverstanden wären, den Knappen Planchet spielen und ihn im Stück zu einer komischen Figur machen. Die Arbeit war bereits weit vorangeschritten, die Proben im Gemeindesaal neigten sich dem Ende zu, und das Datum der Premiere (der nur eine zweite, allerhöchstens eine dritte Aufführung folgen sollte) stand fest. Nun kam ihm ärgerlicherweise der Abtransport nach Deutschland dazwischen, doch wie wollte er sich ihm entziehen, drohte das amtliche Schreiben bei Nichterscheinen doch nicht näher definierte Strafmaßnahmen an, die ernst zu nehmen die Füsilierten von Chateaubriant gemahnten. Nun sollte seine Familie also auf zwei Personen zusammenschrumpfen. Sein Cousin Rémi mit dem Hinkebein hatte nicht viel zu befürchten, schließlich kam er als Kriegswaise in den Genuß staatlicher Fürsorge, aber da war noch Tante Marie, die ihm in seinem Kummer treu zur Seite gestanden hatte und, da sie seit fünfundzwanzig Jahren Trauer trug, ihre ärmliche Garderobe nach dem Tod ihres jüngsten Bruders nicht hatte umstellen müssen. Als einziger der drei Brüder war er dem Grauen des Ersten Weltkriegs lebend entkommen, hatte jedoch erst ein paar Monate nach dem Tod seiner Frau endgültig die Waffen gestreckt und sich vom Schmerz besiegen lassen.

Und jetzt wollte man ihr auch noch ihren Neffen nehmen. Während sie ihm bei den Reisevorbereitungen hilft, beobachtet sie erstaunt, daß er seine Lebensmittelkarten nicht etwa, wie im Brief vorgeschrieben, abliefert, sondern sie ins Futter seiner Jacke schiebt. Statt ihre Frage zu beantworten, erteilt er ihr ein paar letzte Anweisungen für das Haus (sie solle fortan darin wohnen), den Laden (sie solle ihn in ihren freien Stunden, wenn ihre Klasse sie entbehren könne, öffnen, und zwar bis das Lager geräumt sei) und das Theater. Von Anfang an hat er ihr in der kleinen Truppe eine Rolle zugeteilt, und geschmeichelt darüber, daß er sie braucht, hat sie ihn gewähren lassen. Doch spielt sie nicht etwa die Rolle einer betagten Anstandsdame. Ihr Platz befindet sich vielmehr auf Höhe der Bühnenbretter, im Souffleurkasten. Nach einem langen Arbeitstag fällt es manch einem der Laiendarsteller – Handwerker, Fleischer, Metzger, Schuster, Schreiner, Dachdecker, Klempner und Krämer – schwer, den Part auswendig zu lernen und zu behalten. Natürlich bemüht man sich bei der Verteilung der Rollen, die Talente jedes einzelnen zu berücksichtigen, doch ist Tante Marie zwischen einem, der sich für Jules Berry höchstpersönlich hält und sich seine Antworten selbst ausdenkt, und einem, der seine ohnehin spärlichen Beiträge zum Dialog nur stockend herausbringt, nicht mehr wegzudenken, denn sie beugt groben Schnitzern vor, bringt Verirrte auf den rechten Weg zurück und rügt im Tonfall der gereizten Volksschullehrerin die schlechten Schüler, die sich ihre Lektion nicht gemerkt haben. Da die wenigen weiblichen Darsteller, die die Truppe gelegentlich verstärken, bei ihr die Schulbank gedrückt haben und sich an ihre Wutanfälle noch allzu gut erinnern können, kennen sie im Gegensatz zu den jungen Männern ihre Rollen in- und auswendig, was Tante Marie im Glauben an die Trefflichkeit ihrer Unterrichtsmethode bestätigt und sie nach eigenem Dafürhalten dazu berechtigt, kurz vor Ende der Probe ihr schon tausendmal wiederholtes feministisches Lied von der Ernsthaftigkeit junger Mädchen und deren größerer Reife anzustimmen, wobei man diesen Lobgesang auch als Verteidigung und Veranschaulichung ihres eigenen Zölibats begreifen könnte.

Am Abend der Premiere traf sie lange vor den anderen im Theater ein und bezog ihren Posten in dem niedrigen Kasten, denn seit Joseph ihr die Zügel in die Hand gegeben hatte, fühlte sie sich für einen reibungslosen Ablauf des Schauspiels verantwortlich. Gleich einer Tempelhüterin hatte sie die letzten Proben beaufsichtigt, selbstherrliche Eskapaden des Möchtegern-Jules-Berry im Keim erstickt und die restliche Truppe dazu angehalten, den Geist und den Wortlaut des von ihrem Neffen verfaßten Stückes zu respektieren. Auf seinen Rat hin hatte sie in Ermangelung eines geeigneten Ersatzmannes in letzter Minute aus Planchet eine Art stummen Trottel gemacht und die Rolle dem Gärtner der Mädchenschule anvertraut. Dieser wurde seiner neuen Aufgabe mühelos gerecht, doch da er sich durch Knurrlaute verständlich zu machen pflegte, mußte sie zwischen ihm und den anderen Darstellern als Dolmetscherin vermitteln. Sie hatte ihm eingeschärft, daß er nichts weiter zu tun habe, als d'Artagnan wie ein Schatten zu folgen, wenn dieser ihn dazu aufforderte, und auf alle Fragen mit einem Grunzen zu antworten. Ob er verstanden habe? Er grunzte. Damit hatte er das Vorsprechen glänzend bestanden.

Der Saal war voll. Unter den Zuschauern fielen ein paar Soldaten in deutscher Uniform auf. Sie waren an einem sonnigen Sonntagvormittag im Juni 40 kurz nach Ende der Elf-Uhr-Messe aufgetaucht. Die Gläubigen diskutierten auf dem Kirchplatz über den Vormarsch des Feindes – einige wußten Gutes zu berichten: Man hatte die Deutschen bei Saumur gestoppt –, als zwei knatternde Motorräder in hohem Tempo in den Ort hineinfuhren, auf dem Platz ein gekonntes Schleudermanöver vollführten und vor dem Hauptportal der Kirche zum Stehen kamen. Beim Anblick der Deutschen – sie sahen aus, als hätte man sie samt Motorrädern in eine graugrüne Soße getunkt – wurde auch den unbedarftesten unter den Dörflern klar, daß bei Saumur der Schuß nach hinten losgegangen war. Während der mit Ledermütze und Brille ausstaffierte Mann im Beiwagen die Kirchgänger mit einer Maschinenpistole in Schach hielt, hörte man Maryvonne seufzen: »Das fehlte gerade noch«, was in der Folge einhellig als erster Akt des Widerstands in Random gefeiert wurde.

Der zweite ging auf das Konto des Feldhüters, der die Dorfbewohner jeden Sonntag um diese Zeit zusammentrommelte, um mit lauter Stimme die neuesten Mitteilungen aus dem Gemeindeleben zu verlesen. Der unvorhergesehene Besuch kurz vor seinem eigenen Auftritt drohte ihm seine kleine sonntägliche Nummer zu verderben, zumal die Motorradfahrer mittlerweile Verstärkung durch eine Anzahl Autos und Kleinlaster erhalten hatten, aus denen bewaffnete Männer heraussprangen und im Nu den Platz besetzten. Die Trommel am Schulterriemen, trat der Feldhüter auf den Offizier zu, der das Kommando über die Einheit führte, schlug knallend die Hacken aneinander – es war nicht sonderlich laut, verglichen mit dem Widerhall, den die Stiefel der Deutschen erzeugten –, führte die Hand ans Käppi und brachte seine Beschwerde vor: er sei selber so etwas wie ein Offizier, allerdings nur auf Gemeindeebene, aber sein Amtseid mache es ihm zur Pflicht, die Bürger über die neuesten Beschlüsse des Gemeinderats zu informieren. Wie? Hatte er etwas Komisches gesagt? Ein paar Worte des deutschen Offiziers bewirkten jedenfalls, daß die gesamte Soldateska laut zu lachen begann. Die Einheimischen hingegen konnten keinen Grund zur Heiterkeit erkennen. Korrekte Besatzer? Die Kerle waren sogar so dreist, sich bei den Dorfbewohnern einquartieren zu wollen. Offensichtlich ging ihnen jegliches Taktgefühl ab. Sie hatten die Demütigung auf die Spitze getrieben. Da zog der Feldhüter die Schlegel unter den auf seiner Brust gekreuzten Riemen hervor, hielt sie, wie es richtig war, mit der Linken anders als mit der Rechten, machte auf dem Absatz kehrt und schlug einen leisen Trommelwirbel, als wäre es eine verstohlene Fingerübung: ta tataratata. Es war eine kurze rhythmische Botschaft, die, wie er später erläuterte, auf das deftige Kampflied »Tiens voilà du boudin« der Legionäre anspielen sollte, doch manch einer führte den Trommelwirbel mißgünstig darauf zurück, daß dem Feldhüter vor Angst die Hände gezittert hätten, wodurch man sich wohl dafür rechtfertigen wollte, selbst so wenig Rückgrat gezeigt zu haben.

Nachdem im Saal durch dreimaliges Klopfen der Beginn der Vorstellung angekündigt worden war, öffnete sich der schwere rote Vorhang, und da stand er mitten auf der Bühne, der tapfere Streiter mit seiner rächenden Trommel. Allerdings trug er eine andere Uniform, die die Zuschauer mehr als drei Jahrhunderte in die Vergangenheit zurückversetzte, in die Zeit des Katzenliebhabers Richelieu. Alle hilfsbereiten Bewohner von Random hatten ihre Zeit geopfert und sich nützlich gemacht, indem sie auf Dachböden herumstöberten und Stoffbezüge ausrangierter Stühle sowie den Spitzenbesatz aus der Mode gekommener Kleider zusammentrugen, damit die nachempfundenen Kostüme so aussahen, als wären sie aus Samt oder Gipüre. Hinter dem in einen Herold verwandelten Feldhüter, der hohe Stiefel mit breiten Krempen aus Pappe und einen mit Hahnenfedern bestückten, zerbeulten Jagdhut aus Filz auf dem Kopf trug, sollte eine in Ocker- und Rosatönen bemalte Leinwand den Zuschauern, zumindest den kurzsichtigen unter ihnen, durch einen Trompe-l'œil-Effekt die Place des Vosges vorgaukeln. Am Giebel eines Portals, das durch zwei vom Schnürboden herabhängende Taue gehalten wurde, gab es ein Bahnhofsschild mit der Aufschrift »Meung-sur-Loire«, und es brauchte bei jedem Szenenwechsel nur durch ein anderes ausgetauscht zu werden, was angesichts der Fülle unterschiedlichster Schauplätze in diesem Stück einen raschen Wechsel ermöglichte – das Bühnenbild wurde lediglich mit einem neuen Namen versehen, und schon hatte man einen anderen Platz. Die Dekoration war schlicht: im Hof eine Pferdetränke, im Garten ein von ein paar Holzbänken umgebener Wirtstisch, über dem aus imitiertem Schmiedeeisen ein Schild mit der Aufschrift »Hôtel du Franc Meunier« hing. Die Leute im Saal waren geteilter Meinung. Ein dumpfes Raunen hob an. Sollte man das »Franc« etwa als Einforderung der französischen Identität begreifen, und dies unter den Augen des Besatzers, oder bedeutete »Meunier«, daß man das Land durch die Mühle gedreht hatte? Schon bald gab man im Vertrauen auf die Richtigkeit der Auskünfte einiger gebildeter Dorfbewohner die Antwort von Reihe zu Reihe weiter: nein, keineswegs, das stehe so im Roman. Im übrigen zog der Feldhüter aus der Zeit Ludwigs XIII., nachdem er die Trommel geschlagen und sich dabei an ein paar bislang nie gehörten Wirbeln versucht hatte, eine Papierrolle aus seiner Jagdtasche, entfernte das rote Band, das darum gewickelt war, hielt das Schriftstück mit ausgestreckten Armen von sich und las: »Hört, hört, dem Volk sei kundgetan, daß jegliche Ähnlichkeit mit tatsächlichen Begebenheiten oder lebenden Personen sowie solchen, die einst gelebt haben, in keinster Weise den Bearbeitern dieses historischen Stückes zuzuschreiben ist, sondern tatsächlichen Begebenheiten sowie lebenden Personen und anderen, die einst gelebt haben.« Es folgte eine kurze Einführung, in der erläutert wurde, der junge d'Artagnan habe soeben mit einem Empfehlungsschreiben seines Vaters an Monsieur de Tréville, den Befehlshaber der königlichen Musketiere, das Elternhaus verlassen. »Möge das Schauspiel nun beginnen.« Eigentlich hatte der Feldhüter seinen Auftritt abrunden wollen, indem er mit den Fingerspitzen die Trommelschlegel herumwirbelte, doch war bei der Generalprobe einer von ihnen im Souffleurkasten gelandet und hatte um ein Haar unserer kleinen Tante ein Auge ausgestochen, woraufhin sie verkündet hatte, er solle sich das lieber aus dem Kopf schlagen.

Obwohl sie zwei dicke Wörterbücher zwischen Gesäß und Bank geschoben hatte, konnte sie kaum auf die Bretterbühne hinaufblicken. Die von ihrem Neffen mit der Maschine geschriebenen Textseiten vor der Nase, hielt sie sich mit den Händen an der Kante des Bühnenbodens fest und sprach die Dialoge der Schauspieler mit, indem sie lautlos die Lippen bewegte. Ließ einen von ihnen das Gedächtnis im Stich, hob sie auf die ihr eigene Weise – Ergebnis eifrigen Betens und häufiger Kirchenbesuche – die Stimme und sprach ihm leise, aber deutlich vor. Manchmal war sie sogar hinten im Saal zu hören, und dann konnte es passieren, daß das Publikum unisono mit dem Schauspieler die Antwort wiederholte.

Im Augenblick standen drei Personen auf der Bühne. Der angehende Musketier kreuzte unter den

Augen einer hübschen blonden Maid mit einem Edelmann die Klinge. Da die Degen aus Holz waren, hatte der Regisseur seinen Kameraden André gebeten, in der Kulisse zwei große Metzgermesser aneinander zu wetzen. Von der perfekten zeitlichen Abstimmung hing der Erfolg der Geräuschkulisse ab. Es war vereinbart worden, dreißig Schläge abzutauschen. Aus Angst, er könnte alles vermasseln, hatte der zittrige junge Mann, der schon seit einer Weile kräftig dem Wein zusprach, Tante Marie gebeten, ihm beim Zählen beizustehen. Sie befürchtete, es könnte zu einem einunddreißigsten Schlag kommen, der die Szene ruiniert hätte, doch er blieb aus. Alles wäre bestens gelaufen, wenn André, der im Stück den Gastwirt spielte, nicht mit den Messern in der Hand auf der Bühne erschienen wäre – was beim Publikum große Belustigung hervorrief.

Die grüne Robe der Mylady, mochte sie auch aus Brokat und Spitze sein, entsprach nicht unbedingt der Mode jener Zeit, doch dafür besaß die junge, bebende Brust, die sich im Dekolleté wölbte, zeitüberspannenden Charakter, was den anderen Darstellern natürlich nicht entging. Unsere kleine Tante unten in ihrem Verschlag war jedoch auf der Hut und warf von Zeit zu Zeit über den Rand der Brillengläser einen Blick nach oben. Als der Edelmann – Tischler im zivilen Leben – das liebreizende junge Geschöpf ein wenig zu dicht an sich zog, rief sie ihn unauffällig zur Ordnung, indem sie mit dem Bleistift auf den Boden der Bühne klopfte. Zwar hatte ihr Neffe bei seinen Anweisungen kurz vor der Abreise keinerlei Andeutung in dieser Richtung gemacht, doch war ihr nicht entgangen, daß die schöne Mylady inoffiziell als seine Verlobte galt.

Sie stammte aus einem Nachbardorf. Auf einer Hochzeit waren sich die beiden nähergekommen. Hochzeitszüge stellen auf dem Land noch immer das bewährteste Mittel der Eheanbahnung dar, denn beide Parteien sind stets bemüht, die Paare in ihrem Gefolge bestmöglich aufeinander abzustimmen. In diesem Fall hatten sie sich gesagt, daß der hochgewachsene junge Mann, der seit kurzem Trauer trug, in dem schönen, strahlenden Wesen an seinem Arm vielleicht zärtlichen Trost finden würde. Immerhin hatte er in Emilienne seine Mylady gefunden.

Zwar besaß das junge Sternchen am Theaterhimmel keine Bühnenerfahrung, doch bot sich Emilienne bei den Passionsspielen, die der Kaplan von Random inszenierte, schon bald Gelegenheit, einen ersten Versuch zu wagen. Allerdings war dies eine Übung besonderer Art, da sie mehr mit der Ostergeschichte denn mit Theater im eigentlichen Sinn zu tun hatte, doch mußte man ihr zugute halten, daß sie den braven Gemütern ein ebenso ergötzliches wie erbauliches Spektakel bot. Das Vorhaben wäre jedoch fast am Einspruch des Bischofs von Nantes gescheitert, denn dieser verbot eine gemischte Besetzung, weil in einer Gemeinde der Diozöse die heilige Veronika ein Kind zur Welt gebracht hatte und sich mehrere Apostel gegenseitig der Vaterschaft bezichtigten. Der Vorfall hatte unter den rechtschaffenen Bürgersleuten für einen Skandal gesorgt. »Zustände wie in Sodom« hatte der Leitartikler des *Leuchtturm* geschrieben und seine Schmähschrift mit den Worten begonnen: »Und wann wird die Jungfrau Maria von ihrem eigenen Sohn geschwängert?« Der junge Kaplan, den die Aussicht, die Frauen von einer Handvoll Transvestiten spielen lassen zu müssen, bei weitem mehr schreckte, packte den Stier mutig bei den Hörnern. Er erhielt eine Audienz beim Bischof und brachte sein Anliegen vor. »Schon wieder?« wetterte der Bischof und brach in seiner einleitenden Salbaderei, bei der er sich die seidenweichen Hände rieb (»So, so, Sie leben also in Random. Gefällt es Ihnen dort? Sehr gut, sehr gut. Und was verschafft mir die Ehre?«), jäh ab. »Nein, nein und nochmals nein! Sie sind bestimmt schon der zehnte, der mich darum bittet. Keine gemischte Besetzung bei Passionsspielen.« Doch der junge Geistliche war fest entschlossen, die Flinte nicht so schnell ins Korn zu werfen. »Sie haben ja recht, Monseigneur, aber haben Sie bedacht, was für verheerende Auswirkungen eine schlecht rasierte Jungfrau mit Haaren auf den Händen und Schuhgröße dreiundvierzig auf Gläubige haben könnte, die an die schönen Madonnendarstellungen in unseren Kirchen gewöhnt sind?« Das Argument verfing, und nachdem der Kaplan noch rasch ein paar Einwände vom Tisch gefegt hatte, gab der Bischof nach: »Sei's drum, aber ich gestatte Ihnen nur drei Frauen: die Jungfrau Maria, die ungefähr fünfzig Jahre alt sein muß – ich meine natürlich die Darstellerin –« (das würde das Risiko verringern), »Maria Magdalena« (keinerlei Auflagen, eine Sünderin darf ruhig sündigen) »und die Frau von Pontius Pilatus.« Der Kaplan bedankte sich überschwenglich bei seinem Vorgesetzten, doch während er den violetten Stein am Ende des Armes küßte, den der Bischof ihm hinhielt, durchforstete er, der so oft im Evangelium las, sein Gedächtnis vergebens nach der Ehefrau von Pontius Pilatus. So kam es, daß Emilienne eine stumme Rolle bekam, die der bischöflichen Phantasie entsprungen war.

In eine lange weiße Tunika gehüllt, die um die Taille mit einer goldenen Kordel gerafft war, überstrahlte sie die Passionsspiele allein durch ihre Anwesenheit. Reichte sie ihrem Gatten ein Tuch, damit er sich die Hände trocknen konnte, spürten die Männer im Saal, wie ihre Handflächen feucht wurden. Ihr blondes Haar und ihre Rundungen zogen das Publikum in den Bann, und nur der Kaplan raufte sich das Haar, als Christus am Kreuz – nur das Gesicht wurde von einem Scheinwerfer angestrahlt – aus dem Halbdunkel der Bühne lauthals wie ein Landarbeiter am Ende seines Tagewerks verkündete: »Ich hab' Durscht.« Die Zuschauer selbst schockierte das nicht weiter, sie waren an die heimische Mundart gewöhnt.

Emilienne, in Random bislang eine Unbekannte, wurde in Gesprächen fortan mit dem Pseudonym »Pilatus' Frau« betitelt, und dieser Name sollte ihr bleiben. Die Anleitung zur Heimtücke an der Seite des wohl berühmtesten Feiglings und Saubermanns wurde ein paar Monate später durch die Rolle der Mylady abgerundet, und dies war für Emiliennes weiteres Schicksal offenbar von entscheidender Bedeutung. Auch der in der Figur d'Artagnans zu neuem Leben erwachte Jesus (in beiden Fällen hatte der junge Landarbeiter die Rolle weniger seiner schauspielerischen Begabung als vielmehr seinem lockigen Haar zu verdanken) war ihrem Liebreiz verfallen. Als er in der Pferdetränke lag, schleuderte er dem Edelmann, der ihn dort hineingestoßen hatte, die vernichtenden Worte entgegen: »Mein Herr, Ihr seid ebenso feige, wie die junge Dame schön ist.« Daraufhin drehte er sich zu der bezaubernden Person um und brachte bei ihrem Anblick kein Wort mehr heraus. »Und umgekehrt«, soufflierte ihm Tante Marie, was soviel heißen sollte wie: »Meine Dame, Ihr seid ebenso schön, wie dieser Herr feige ist.« Doch dem verstörten Rittersmann gelang es nicht, Ordnung in seine Gedanken zu bringen. Als die Schöne ungeduldig wurde, säuselte er: »Und umgekehrt«, errötete und täuschte eine Ohnmacht vor.

Gewiß verdrehte unsere kleine Tante in diesem Moment die Augen himmelwärts, als wollte sie Gott zum Zeugen ihres irdischen Mißgeschicks anrufen. Gleich darauf jedoch richtete sie den Blick voller Ungeduld auf die Kulisse, aus der Planchet, dem sie einen zweifachen Schilderwechsel – »Meung-sur-Loire« gegen »Paris« und »Le Franc Meunier« gegen

»La Pomme de Pin« – aufgetragen hatte, heraustreten sollte. Der Gärtner hatte ihre Nerven trotz seiner alles andere als anspruchsvollen Rolle bei den letzten Proben arg strapaziert. Am schwierigsten war es, ihn davon abzubringen, seinen Knurrlauten durch Ausspucken von größeren Mengen braunen Speichels Nachdruck zu verleihen. Nicht daß er an einer Verstopfung der Bronchien litte – nein, er kaute Tabak und spuckte den Priem am Ende jedesmal in sein Barett, was bei ahnungslosen Beobachtern natürlich Verwunderung hervorrief. Maryvonne, die für Kostüme und Maske zuständig war (ausgerechnet sie, die selbst immer nur im Kittel herumlief und sich damit begnügte, sonntags ihre Wangen mit ein bißchen rosa Puder zu betupfen), hatte ihm vorgeschlagen, er solle doch lieber in ein Taschentuch spucken, auf das sie eigenhändig seinen Bühnennamen sticken wolle. Wie aufmerksam von ihr – er gelobte Besserung.

Während die anderen in den Tagen vor einer Aufführung ihre Texte wieder und wieder durchgingen, übte sich der Gärtner darin, beim Ausspucken das eigentlich quadratische, aber zerknautschte Tuch in seiner hohlen Hand zu treffen. Neuesten Meldungen zufolge gelang ihm das mittlerweile recht gut, aber unserer kleinen Tante, deren Nase sich auf Höhe des Bühnenrands befand, machte allein schon die Vorstellung zu schaffen, ihr Gesicht könnte ein paar Spritzer abbekommen. Ihre Beunruhigung wuchs, als sie bemerkte, daß Planchet, der soeben die Bühne betreten hatte, seit dem letztenmal einen Kopf größer geworden war. Er trug eine flachsfarbene Perücke und hatte die Backen grellrot geschminkt, so daß er wie ein dummer August aussah – doch da waren seine hochgewachsene Gestalt und die Art, wie er den unbedarften Knappen mimte, linkisch, untertänig und stets zu einer knöcheltiefen Verbeugung bereit... »Joseph, bist du es?« fragte sie. Und Planchet wiederholte folgsam: »Joseph, bist du es?« Schlagartig verstummte das laute Raunen im dunklen Saal. Kein Zweifel, es war seine Stimme. »Joseph, du bist verrückt.« Und er: »Joseph, du bist verrückt.« Ein verblüfftes »Oh« durchlief die Sitzreihen. »Joseph, paß auf, es sind Deutsche im Saal.« Da wandte er sich dem Publikum zu und fragte: »Etwa Spione des Kardinals?« Beunruhigt richteten sich die Blicke aller auf die deutschen Soldaten, doch da jene der französischen Sprache nicht mächtig waren, begriffen sie offenbar nicht recht, was vorging, und die Leute im Saal fingen an zu glucksen. Das Geraune schwoll an, der eine oder andere brach in Gelächter aus, und gleich darauf hieß eine Woge bewundedrungsvollen Beifalls den kühnen Heimkehrer willkommen. Ein paar Szenen später ging es im Theater drunter und drüber. Gerade als d'Artagnan das Boot nach England besteigen wollte, um sich auf die Suche nach den Diamantenspangen der Königin zu begeben, kam Planchet angelaufen und schwenkte zwei Angelruten. »Drüben angele ich mir de Gaulle * und bring ihn mit«, rief er. Im Saal brach ein unbeschreiblicher Tumult aus, und während die beiden Kumpane in einem Pappboot vor dem Hintergrund einer bewegten See die Bühne überquerten, hielt Planchet, der die Galionsfigur abgab, die beiden Angelruten mit gestreckten Armen in die Höhe, so daß sie vor dem blauen Bühnenhimmel ein großes V für *Victoire* bildeten.

Das Stück war ein voller Erfolg. Doch als es daran ging, sich vor dem Publikum zu verneigen, war der Held des Abends schon wieder verschwunden. Kaum war der Vorhang gefallen, eilte unsere kleine Tante hinter die Kulissen. »Wo ist er?« fragte sie Maryvonne. »Weg«, antwortete die Krämersfrau und zeigte auf den Bühnenausgang. Ob er nichts gesagt habe? Ob er keine Nachricht hinterlassen habe? Doch, einen Brief für Emilienne. Und für seine Tante, die ihm als einzige Verwandte geblieben war, sich um seine Sachen kümmerte, sein Stück auf die Bühne gebracht hatte und in ständiger Sorge um ihren Neffen lebte? Nichts?

* Unübersetzbares Wortspiel. Im Original: »J'emporte deux gaules.« (deux gaules = zwei Angelruten)

Von Soldaten bewacht, standen die jungen Männer auf dem Bahnsteig und warteten auf den Zug, der sie nach Deutschland bringen sollte. Trotz des milden Wetters an diesem zartblauen Märzmorgen, an dem nur ein leichter, frischer Wind ging, der an den Gleisen entlangstrich, hatten sie in Erwartung des rauhen Klimas, das man ihnen »drüben« in Aussicht gestellt hatte, warme Kleidung eingepackt, jeder nach seinen Möglichkeiten: mehr oder weniger gut sitzende Mäntel, die mehr oder weniger abgetragen waren. Und wer aus bescheideneren Verhältnissen stammte, hatte unter einer dünnen, engen Jacke, deren Knöpfe abzuspringen drohten, mehrere Kleidungsstücke übereinander angezogen. Zu ihren Füßen stand je ein Koffer mit dem vorgeschriebenen Inhalt: Kleidung zum Wechseln, »strapazierfähige« oder »Ausgehschuhe« (je nachdem, in welches Paar sie in der Frühe rasch geschlüpft waren) sowie Wegzehrung für eine lange Reise von zwei Tagen. Manche hatten noch einen Tuchbeutel mitgenommen, aus dem der Hals einer Weinflasche mit lose hineingedrücktem Korken ragte – derartige Genußmittel kamen in diesen harten Zeiten einem Wunder gleich. Ab und zu zogen sie die Flasche heraus, nahmen einen kräftigen Schluck, und die vorwitzigsten unter ihnen verkündeten nach einem Rülpser: »Wieder eine, die wir den Deutschen weggetrunken haben« oder: »Auch diesen Krieg wird der Wein gewinnen, wie 1914«, was den anderen unter den gegenwärtigen Umständen jedoch nur ein mattes Lächeln entlockte. Die meisten schwiegen wie Schüler bei Schulbeginn, die sich noch nicht kennen und sich auf der Suche nach Sympathiebezeugungen gegenseitig aus den Augenwinkeln mustern. Kaum kündigte in der Ferne ein Pfeifen das Herannahen eines Zuges an, wandten sich die resignierten Gesichter der großen, von den Schienen beschriebenen Kurve zu, an der gleich die Dampfwolke der Lokomotive auftauchen würde.

Der junge Mann, der die anderen um einen Kopf überragte, versuchte, möglichst nicht aufzufallen. Er wußte, daß für ihn in diesem Moment alles auf dem Spiel stand. Als er die Einberufung erhalten hatte, war ihm augenblicklich klargeworden, daß er Deutschland auf diese Weise nicht kennenlernen wollte. Nun, da er dem Gestellungsbefehl ordnungsgemäß Folge geleistet hatte und sich nach seinem Dafürhalten um seine Tante keine Sorgen zu machen brauchte, mußte er nur noch einen Weg finden, um sich von seinen Kameraden abzusetzen. Sollte er abwarten, bis sie alle eingestiegen waren, und dann vom fahrenden Zug springen? Oder konnte er vielleicht fliehen, indem er heimlich unter einen der Waggons kroch? Als er sich vorbeugte, um einen raschen Blick unter den Zug auf dem Nebengleis zu werfen, wurde einer der Soldaten mißtrauisch, trat auf ihn zu und schob ihn mit dem Lauf seiner Maschinenpistole zurück in die Reihe. »Zigarette«, sagte Joseph und zeigte auf einen Stummel, der glücklicherweise auf dem Schotter lag. Er sprang hinunter aufs Gleis, um ihn aufzuheben, zündete ihn an und rauchte ihn voller Genuß, um zu beweisen, daß er nichts im Schilde führte. Immerhin hatte er gesehen, was er sehen wollte. Es war möglich, sich samt Koffer unter einem Waggon hindurchzuzwängen und auf der anderen Seite des Zuges auf dem Nebengleis wieder nach oben zu klettern. Blieb nur zu hoffen, daß er dort keine böse Überraschung erlebte. Es galt nur noch, auf den geeigneten Augenblick zu warten, und deshalb trat er ein paar Schritte zurück und mischte sich unter seine Schicksalsgenossen, wobei er versuchte, seine aufsteigende Angst zu verdrängen. Einem Kameraden, der ihm vorschlug, sich mit ihm unauffällig zu verdrücken, antwortete er nicht, sondern zog nur skeptisch die Augenbrauen hoch.

Als der Zug schließlich unter großem Gelärm von Pleueln, Kolben, ausgestoßenen Dampfstrahlen und Bremsklötzen langsam am Bahnsteig zum Halten kam, ging an den Türen das Gerangel los, denn alle wollten einen Sitzplatz ergattern, von denen es, wie die an den Fenstern stehenden jungen Männer, die bereits in Saint-Nazaire zugestiegen waren, riefen, nicht für jeden einen gab. Während die Wachposten damit beschäftigt waren, durch brutale Befehle die Ordnung wiederherzustellen, zwängte er sich mit dem Koffer zwischen zwei Waggons, schob sich unter den Faltenbalg und versteckte sich unter dem Zug auf dem Nebengleis. Da lag er nun bäuchlings auf den Schwellen und lauerte eine endlos lange Sekunde nach der anderen mit wild pochendem Herzen auf das Gebrüll und die hektische Betriebsamkeit, die die Entdeckung seiner Flucht mit Sicherheit auslösen würde. Bei jedem Pfiff, der dem ruckartigen Anfahren eines anderen Zuges vorausging, umklammerte er den Koffer noch fester und machte sich darauf gefaßt, jederzeit aufspringen zu müssen. Er ärgerte sich, daß er so viele Bücher eingepackt hatte, doch es kam ihm nicht einen Augenblick lang in den Sinn, sich vom Koffer zu trennen. Minuten verstrichen, und da von der üblichen verbissenen Geschäftigkeit der Besatzer nichts Alarmierendes ausging, kroch er ein paar Meter vorwärts, den Blick starr auf die Schuhsohlen gerichtet, die über seinem Kopf auf dem Bahnsteig trampelten. Mehr noch als den Anblick von einem Paar Stiefel fürchtete er die Pfoten eines deutschen Schäferhunds, der ihn mit seiner feinen Nase todsicher aufgespürt und mit den Fängen in Stücke gerissen hätte. Doch da waren keine Stiefel und auch kein Hund, sondern nur ein ärmlicher

Schuhersatz nach dem anderen: alte, ramponierte, geflickte, mit Sohlen aus Holz, Preßkork oder gar einem Stück Teppich bestückte Schuhe, ein jämmerliches Defilee, das sich ihm durch den schmalen Spalt zwischen dem Unterbau des Waggons und der Bahnsteigkante darbot. Er selbst hingegen hatte sich vorsorglich für die geplante Flucht beim Briefträger, der dank seiner Stellung gewisse Privilegien genoß, ein Paar solide Lederschuhe beschafft. Er hatte sich nämlich an die Worte eines Flüchtlings aus einem Arbeitslager erinnert: »Bei einem Ausbruch zählt nur eins: das Schuhwerk.«

Im Augenblick hätte er die Schürze eines Hufschmieds allerdings besser gebrauchen können, während er unter dem Zug vorwärts kroch und den Koffer, der immer wieder gegen die Schwellen stieß, vor sich her schob. Angst machte ihm auch der Gedanke, der Zug über ihm könne plötzlich anrollen. Er malte sich die tragikomische Szene aus, wie er selbst auf allen vieren auf den Gleisen lag, jämmerlich gescheitert und fürchterlicher Folgen gewärtig. Wonach wollte er dann angeblich gesucht haben? Der Trick mit dem Zigarettenstummel funktionierte nicht zweimal. Da, plötzlich eine leichte Erschütterung, ein kaum merkliches Rumpeln – ist es vorbei mit der Flucht? Nein, der schützende Zug bewegt sich nicht vom Fleck. Um ganz sicher zu sein, faßt er gleichzeitig die Räder und einen festen Punkt ins Auge: es ist der Zug mit den Zwangsarbeitern auf dem anderen Gleis, der sich ruckend in Bewegung setzt. Mit erleichtertem Lächeln läßt er den Blick über Schwellen und Achsen wandern: der Zug nach Deutschland fährt ohne ihn ab.

Am Zugende angelangt, inspiziert er, noch immer auf dem Bauch liegend, die Örtlichkeiten: bereitstehende oder auf ein Abstellgleis geschobene Gepäckwagen; ein Bahnwärter, der den Hebel einer Weiche umlegt; plaudernde Arbeiter neben einem Lagerhaus; eine nachdenklich dreinblickende Möwe, die auf einer Schiene hockt; ein paar umherhüpfende Spatzen. In dieser Richtung verlaufen die Gleise durch den Westteil der Stadt, von der Hauptstraße durch einen Drahtzaun abgetrennt. Ginge er an ihnen entlang, würde er sich kaum unbemerkt davonmachen können. Und wenn er eine Abkürzung über den Rangierbahnhof machte und sich bis zum Fluß durchschlüge? Nein, dort lauern zu viele Gefahren, und mit großer Wahrscheinlichkeit würde er einer Patrouille in die Arme laufen. Ob er bis Einbruch der Nacht warten sollte? Da er kein sicheres Versteck hat, rechnet er sich keine großen Chancen aus, bis dahin unentdeckt zu bleiben. Bleibt nur der Bahnhof selbst. Also kriecht er unter dem Zug hervor und überquert geduckt, als könnte er allein durch seine hohe Gestalt auffallen, die Gleise. An der Mauer unterhalb des Bahnsteigs legt er eine Pause ein, geht in die Hocke und blickt sich suchend um. Zusammengekauert wartet er auf das Eintreffen eines Zuges, damit er sich unter die Reisenden mischen kann. Als er den Staub vom Mantel klopft, um sein Erscheinungsbild zu verbessern, fällt ihm auf, daß zwei Knöpfe fehlen, von denen einer mit einem Stück Stoff abgerissen ist und jetzt wohl irgendwo auf dem Schotterbett liegt. In die schmierigen Flecken, die einfach nicht weggehen wollen, mischt sich beim Reiben etwas Blut, das zu seiner großen Überraschung von seiner Hand stammt. Während er die Wunde betrachtet, fallen ein paar Regentropfen auf seine Handfläche. Er blickt auf. Der Himmel hat die Zeit, die er unter dem Zug lag, genützt, um ein paar schwere, dunkle Wolken zusammenzutreiben, die einen ordentlichen Guß verheißen. Der Herr der Elemente meint es gut mit ihm: der Regen lindert nicht nur den brennenden Schmerz, sondern wird ihm obendrein ein wertvoller Verbündeter sein. Die wachhabenden Soldaten werden nun sicher nicht mehr so genau hinschauen, weil sie viel zu sehr damit beschäftigt sind, sich vor dem Regen in Sicherheit zu bringen.

Schon prasselt der Regen in Strömen herab und umgibt eine herannahende Lokomotive mit einer Art Heiligenschein aus Dampf. Plötzlich ist sie in der großen Kurve aufgetaucht, bahnt sich nun ihren Weg über die Weichen und rumpelt gleich darauf funkensprühend nur ein paar Zentimeter von ihm entfernt vorbei. Hastig stemmt er sich auf den Bahnsteig hinauf und schließt sich einer Gruppe von Reisenden an. Entgegen allen Befürchtungen fällt er in seiner schäbigen Aufmachung nicht allzusehr auf. In Kriegszeiten ist es nicht eben leicht, die Garderobe regelmäßig zu erneuern, und manch einem gelingt es eher schlecht als recht, sein Elend zu verbergen. Belustigt nimmt er auf den mit Teeblättern braungefärbten Waden der Frauen den schmalen Pinselstrich zur Kenntnis, der die Nähte nicht vorhandener Seidenstrümpfe vorgaukeln soll. Seine Beunruhigung wächst, als er zwei oder drei Blicke auffängt, die ihn so beharrlich mustern, als würde er nun, da er ein Flüchtling ist, einen Stern auf der Stirn tragen. »Jetzt ist es aus«, sagt er sich, und eine kalte, eiserne Faust schließt sich um sein Herz. Um die Beherrschung wiederzuerlangen geht er langsamer und zündet sich eine Zigarette an. Als der Feuerschein sein Gesicht erhellt und er sich im spiegelnden Fenster eines Waggons erblickt, begreift er, daß die Leute sich wohl vor allem für den schwarzen Schmierölfleck auf seiner Nase interessiert haben. Für eine Tarnung bei Tage gar nicht so übel.

Der Bahnhofsausgang, auf den die Reisenden zuströmen, wird streng bewacht. Wegen der steigenden Zahl von Attentaten und Sabotageakten hat die deutsche Polizei, verstärkt durch eine jüngst geschaffene französische Miliz, der ein noch schrecklicherer Ruf vorauseilt, die Kontrollen mit der wütenden Verbissenheit des Verlierers verschärft. Allmählich dreht sich der Wind gegen die Streiter der »Neuen Ordnung«. Er beobachtet, wie sie den Ausgang abriegeln, ungeduldig, argwöhnisch und mit wachen Sinnen, wie sie pingelig Papiere überprüfen, Taschen und Koffer öffnen und beim leisesten Verdacht den einen oder anderen Mann, der sich verängstigt nach allen Seiten umblickt, aus der Reihe ziehen. Ob er seitlich zur Bahnhofsgaststätte ausweichen soll? Er hat Angst vor Polizeibeamten in Zivil und vor Spitzeln, die nur zum Schein an der Theke lehnen und von einem Moment auf den anderen ihr Glas stehenlassen, um einen zu beschatten. Verhaftungen, die auf diesem Weg erfolgen – sie sind nach außen hin durch einen Wortwechsel mit gedämpften Stimmen erkennbar –, sind die schlimmsten von allen, denn auch ein Freund, der einem Quartier gewährt, kann so in Schwierigkeiten geraten, und manchmal fliegt auf diese Weise ein ganzes Netz auf. Während er die Abfahrtshalle überblickt, kommt ihm eine Übersetzung aus dem Lateinischen aus seiner Schulzeit in Erinnerung: ein gewitzter Schäfer stahl ein paar Ochsen, indem er sie rückwärts aus einer Höhle herausführte, was den Besitzer, vielleicht war es Herkules, von den Hufspuren auf dem Boden verwirrt, vor ein schier unlösbares Rätsel stellte. Auf seine jetzige Situation umgemünzt, müßte er in Richtung Ausgang am Kabuff des Fahrkartenkontrolleurs vorbei. Er tritt also darauf zu, besinnt sich auf die Rolle des Planchet und erklärt verlegen, er brauche die Abfahrtszeit seines Anschlußzuges von Angers nach Sablé mit Umsteigen in – hoppla, nun habe er den Namen auch noch vergessen: ob er noch einmal zurück dürfe, um bei der Zugauskunft nachzufragen? »Aber machen Sie schnell«, brummt der Beamte, der sich über sich selbst ärgert, weil er die Daten nicht im Kopf hat.

In der Bahnhofshalle befinden sich nicht nur wartende Reisende, sondern auch zahlreiche Fußgänger, die sich, vom Platzregen überrascht, eilig ins Trokkene geflüchtet haben und nun, von dem kleinen Sprint noch außer Atem, mit der Hand die Wassertropfen aus dem Haar streifen und die Schöße ihrer Mäntel ausschütteln. Andere stehen wie angeklebt auf der Türschwelle, warten, daß sich der Himmel aufheitere, und ergehen sich unterdessen in mehr oder weniger geistreichen Bemerkungen. Einer versteigt sich gar zu dem Ausspruch: »Die Engländer schlagen mal wieder zu«, während der Regen mit ungestümer Heftigkeit auf die Pflastersteine niedergeht.

Der hoch aufgeschossene junge Mann mit dem Koffer drängelt sich nach vorn, ohne auf die Proteste derjenigen zu achten, denen er dabei auf die Fußspitzen tritt und die nun über seine Schultern hinweg die Launen des Himmels verfolgen. Der feuchte Atem des Regens läßt ihn frösteln. Er zieht den Mantelkragen enger. Der Wasserlauf vor seinen Augen, ein ehemaliger Nebenarm der Loire, den man kürzlich geflutet hat, um der Überschwemmungen im Frühjahr Herr zu werden, scheint in seinen vorherigen Zustand zurückversetzt. Das die Straße hinabrinnende Regenwasser glitzert wie ein breiter Fluß, sprudelt in der Gosse und stürzt rauschend in die Gullis. Als wäre die verlassen daliegende Stadt dem Willen des

Regens unterworfen, läßt sie sich von ihm eine Waffenruhe auferlegen. Die Kommentare werden spärlicher, lakonischer auch, und die Menschen geben sich beschaulichen Betrachtungen hin. Eine Art einträchtiger Friede der Herzen kehrt ein. Der große junge Mann hat die Brille hochgeschoben und reibt sich die Nasenwurzel. Als er sie wieder aufsetzen will, zögert er kurz und schiebt sie statt dessen in die Tasche. Wozu braucht er einen klaren Blick in dieser verschwommenen Landschaft? Der trübe Schleier, der ihn nun umgibt, scheint sogar alle Gefahr von ihm fernzuhalten und sie verschwinden zu lassen wie der Nebel die fernen trutzigen Türme des Schlosses der Anne de Bretagne. Einer Eingebung folgend, die man als blindes Vertrauen, als unverzeihliche Unachtsamkeit auslegen könnte, tritt er kurzerhand hinein in den feuchten Dunst.

Der Regen, dieser treue Verbündete, erlaubt ihm, schneller zu gehen, ohne daß seine Eile Argwohn erregt: er ist nichts weiter als ein harmloser Fußgänger, der sich dem Diktat des Himmels nicht einfach unterwirft. Während er die Gefahrenzone Schritt für Schritt hinter sich läßt, kämpft er gegen den Drang an, sich umzudrehen, sich der rauschhaften Freude hinzugeben, die bald auch die letzten Befürchtungen hinwegfegt. Die robusten Schuhe, die ihn behend über die Pfützen hinwegtragen, kommen ihm wie Siebenmeilenstiefel vor, der Koffer zieht nicht länger schwer an seinem Arm. Nun wird er alle Zeit der Welt zum Lesen haben, und er bedauert nicht mehr, daß er den Koffer so vollgestopft hat. Endlich wirft er einen Blick zurück: niemand folgt ihm. Im Schutz der mächtigen Mauern des Château des Ducs wagt er den ersten tiefen Atemzug eines freien Mannes.

So früh erwarteten ihn seine Freunde bestimmt nicht zurück. Schon jetzt genoß er den Augenblick, wenn er an die Tür klopfen und, sobald man ihm öffnete, zu seinen sprachlosen Gastgebern schlicht und einfach sagen würde: »Ich habe den Zug verpaßt«, und dies mit einem verschmitzten Lächeln, während er sich die Bügel der Brille hinter die Ohren schöbe. Er hatte seine Flucht bis ins kleinste Detail geplant. Nun brauchte er nur noch seitlich zum Hafen abzubiegen, den verrufenen Quai de la Fosse mit seinen Bars im Kellergeschoß herrschaftlicher Stadthäuser von leicht angegammeltem Charme entlangzugehen und dann den Hügel von Sainte-Anne hinauf, wo einer seiner ehemaligen Klassenkameraden über der väterlichen Tischlerei wohnte. Als er vor nicht allzu langer Zeit in einem ärmlichen Vorort von Nantes, einen Katzensprung von hier, Internatsschüler im Kloster von Chantenay war, hatte er die Gastfreundschaft der Familie Christophe ausgiebig genossen, an deren beeindruckender Tafel ein zusätzliches Gedeck nicht weiter auffiel. Drei Generationen lebten dort unter demselben Dach, und sein Mitschüler Michel war das älteste von zwölf Kindern. Für ihn, Joseph, das ernste Einzelkind, hatte man in der Werkstatt ein Feldbett aufgestellt, und er hatte sich mit Freuden mitten hineinbegeben in diesen ausgelassenen Kreis, dem die materiellen Entbehrungen nicht viel anzuhaben schienen. Das Essen war einfach, Abwechslung gab es kaum. Madame Christophe, deren Figur unter den zahllosen Schwangerschaften gelitten hatte, fühlte sich dazu berufen, immer wieder in höchsten Tönen die Vorzüge der Kartoffeln zu preisen, die die Familie auf einem intensiv bestellten Feld am Stadtrand selbst anbaute. Ihretwegen hatte er sich geweigert, seinen Lebensmittelschein herauszurücken (desgleichen seinen Anrechtsschein für Tabak, doch dabei hatte er vor allem an sich selbst gedacht), obwohl in der Einberufung ausdrücklich gestanden hatte, daß er beide bei der für die Lebensmittelrationierung zuständigen Behörde abzugeben habe. Er wollte seiner Gastgeberin den Halbjahresblock mit den J3-Coupons schenken, die Jugendlichen über dreizehn Jahren zustanden und ihnen einen Anspruch auf größere Rationen gewährten. Bestimmt würde sie ausrufen: »Joseph, du wirst sie noch brauchen. Du bist doch nur für ein paar Tage hier«, aber er würde sie schon überreden, und sie würde die Scheine schließlich mit den Worten annehmen, nun könne sie ja wieder anständig Butter in den Spinat geben, obwohl man seit langem weder das eine noch das andere bekam. »Geht sparsam mit dem Brot um«, mahnten auf Mauern geklebte Plakate, »schneidet es in dünne Scheiben und kocht aus der Kruste eine Suppe« – als ob es in Arbeiterfamilien üblich gewesen wäre, Reste wegzuwerfen.

Tagsüber würde er wie bei jedem seiner Besuche Michel und dessen Vater in der Werkstatt zur Hand gehen. Schon sehr früh hatte sich seine Begabung als Tischler gezeigt, nämlich als er im Alter von zwölf Jahren seine Kinderwiege inmitten eines heillosen Durcheinanders zu einem runden, einbeinigen Tischchen umbaute, später einen massigen Sessel mit runden Formen zimmerte, dessen Sitzfläche jedoch zu klein ausfiel, weil er vergessen hatte, die Breite der Armstützen in die Berechnungen einzubeziehen, und mit sechzehn lud er seine Freunde zu einer Fahrt an Bord eines langen, eigenhändig gebauten Kanus ein, das er in Erinnerung an Kommandant Charcot »Pourquoi-Pas?« getauft hatte, wobei der Name nicht eben von einer sehr optimistischen Einstellung zeugte, wenn man bedenkt, welches Ende es mit dem vom Packeis zermalmten berühmten Namensgeber genommen hat. Die ausgesprochene Neigung zu Holzarbeiten hatte er gewiß von seinen Vorfahren geerbt, die über Jahrhunderte als Holzschuhmacher im Herzen des Forsts von Gâvre ansässig waren. Der letzte ihrer Linie – sein Großvater, den er nicht kennengelernt hatte – war jedoch fortgezogen und hatte in Random einen kleinen Laden aufgemacht, der sich später zu einem Großhandel mausern sollte, und zwar nachdem er sich einen Finger abgehackt hatte, und vielleicht verdankte die Familie es einem unvollendeten, schicksalhaften Holzschuh, dessen grobe, kantige, aus einem Holzklotz herausgehauene Form an einen Richtblock erinnerte, daß er auf den Handel mit Porzellan umgesattelt hatte. Die ausrangierten Werkzeuge des verstümmelten Ahnen hingen noch immer in der Werkstatt – Ziehmesser, Stechbeitel und Hohlmeißel –, und mit ihnen hatte Joseph aus einem Stück Armstützen und Rückenlehne seines Sessels herausgearbeitet.

Dank der Anleitung seiner Gastgeber war aus dem jungen Autodidakten ein geschickter Geselle geworden. Er hatte sich sogar auf eine Spezialität verlegt: Treppen. Deren Herstellung erforderte eine Mischung aus Fertigkeit, Sachverstand und Improvisationsgabe. In manchen Fällen gab es nicht einmal zwei völlig gleiche Stufen. Mag sein, daß er eine Zeitlang sogar mit dem Gedanken spielte, die Tischlerei zu seinem Beruf zu machen. Auf einem seiner gefälschten Personalausweise, der aus der Zeit stammte, als er im Untergrund lebte, und auf den Namen Joseph Vauclair, geboren in Lorient/Morbihan (die Stadt war bei Bombenangriffen zerstört, das Register des Standesamts vernichtet worden) am 22. Februar 1925 (er hatte sich drei Jahre jünger gemacht, um der Zwangsarbeit zu entgehen) ausgestellt war, stand unter »Beruf« zu lesen: Tischler.

Eine Hommage an seine Adoptivfamilie und zugleich reine Absicherung, damit er bei einem Verhör nicht in flagranti ertappt und der Unwissenheit überführt werden konnte, indem ein gewiefter Beamter ihn aus heiterem Himmel fragte: was ist ein Langhobel, was ein Streichmaß und was ein Formhobel? Und sollte ihn der Mann dann wegen seiner äußeren Erscheinung und seines Auftretens verdächtigen, sich die Kenntnisse nur angelesen zu haben, könnte er ihm immer noch die von der Arbeit auf dem Bauernhof schwielig gewordenen Hände unter die Nase halten, denn es war vereinbart, daß er nach zwei bei den Christophes verbrachten Wochen auf dem Land untertauchen würde, wohin es am Ende Menschen unterschiedlichster Couleur verschlug: Freiwillige, Querulanten, Ausgestoßene, Widerstandskämpfer und Schieber, die somit in gewisser Weise der Aufforderung Marschall Pétains nachkamen, der immerzu mahnte, man solle sich auf die Werte des ländlichen Frankreich besinnen, wobei sich die bedrohte Nation mehr für die Vorratskammern der Bauern und die so vorteilhaft weit vom Schuß liegenden Dörfer interessierte.

Zwischen Tischlerei und Bauernhof wollte er einen Umweg über Random machen, um dort für einen unerwarteten Auftritt, ein Impromptu nach seiner Art zu sorgen, mit dem verglichen der berühmte Trick mit der Zauberkiste, in der man auf der Bühne Menschen auftauchen und verschwinden lassen kann, nur ein müdes Gähnen hervorrufen würde. Er, den man als Zwangsarbeiter in Deutschland wähnte, würde in der Gestalt des Planchet auf der Bühne erscheinen, vor den Augen der Besatzer zwei Angelruten schwenken, sich dann wie ein Flaschengeist in Luft auflösen und die Zuschauer verblüfft zurücklassen, nachdem er sie vorübergehend mit seinem Widerstandsgeist angesteckt hätte (wohlgemerkt, nur vorübergehend, denn dieselben Leute werden sofort nach Kriegsende bei den Gemeindewahlen nicht etwa für die Liste ehemaliger Widerstandskämpfer stimmen, sondern die alte Mannschaft wieder wählen, die Marschall Pétain so nette Briefe geschickt hatte, um ihn zu seinem Vorgehen zu beglückwünschen und ihn zu bitten, Random nicht zu vergessen).

Die Familie Christophe hatte versucht, ihm sein Vorhaben auszureden: »Joseph, auf einen Musketier mehr oder weniger kommt es nicht an. Bei denen weiß man sowieso nie genau, wie viele gerade im Einsatz sind, und sie werden auch ohne dich gut zurechtkommen. Du gehst ein zu großes Risiko ein, und das für eine Sache, die sich nicht lohnt.« Die »Sache«, um die es ihm ging, war einundzwanzig Jahre alt, hieß Emilienne und veranlaßte einen jungen Mann wie ihn mit Recht zu einer derart ausgefallenen Aktion.

Nachdem er sich klammheimlich aus Nantes davongemacht hatte, strampelte er auf einem Fahrrad tapfer durch die hereinbrechende Nacht, den Koffer auf dem Gepäckträger festgeschnürt, die Angelruten an der Querstange des Rahmens befestigt. Um nicht gesehen zu werden, fuhr er ohne Licht, und sogar das rote Katzenauge am hinteren Schutzblech hatte er abgeschraubt. Er ging samt Fahrrad jedesmal hinter einer Hecke in Deckung, wenn sich in der Ferne die Scheinwerfer eines Fahrzeugs durch die Dunkelheit bohrten – da Ausgangssperre herrschte, konnte es sich nur um unliebsame Gesellen handeln –, setzte nur dann und wann den Fuß vor einem Hinweisschild ab, das er mit der Flamme seines Feuerzeugs erhellte, denn da er bislang nur Umwege gefahren war, hatte er sich bald restlos verirrt, und so traf er schließlich genau in dem Augenblick ein, als die Vorstellung begann, wartete bis kurz vor seinem Auftritt und schlich dann hinter die Kulissen, wo er sich schminkte und vom armen Gärtner die Perücke mit dem Versprechen auslieh, sie ihm noch vor Ende des Stückes zurückzugeben, was er dann nach der Szene, in der er sich nach England einschiffte, auch sogleich tat. Er hatte keine Zeit zu verlieren und wollte den Streich lieber nicht auf die Spitze treiben. Wie hätte die Truppe ihren Helden gefeiert. Doch vielleicht hatte jemand längst Alarm geschlagen. Als er Maryvonne einen Brief mit der Bitte zusteckte, ihn der Adressatin auszuhändigen, und sie in seinen Plan einweihte, schnell zu Hause vorbeizuschauen, ein paar Sachen und noch mehr Bücher einzupacken, erfuhr er von ihr, daß die Deutschen Tante Maries bescheidene Bleibe in Beschlag genommen hätten, während sie selbst, wie er es ihr aufgetragen hatte, im geräumigen Haus der Familie Quartier bezogen habe, und zwar zusammen mit ein paar Schülern, die sie nur bei sich aufgenommen hatte, um den tyrannischen Hausbesetzern sagen zu können, ihr »Hotel« sei ausgebucht, weshalb jene, denen die dickköpfige kleine Tante Respekt abnötigte, sich zu dritt in ihre winzige Eremitage im Garten quetschten. Er schlug sich die Idee also aus dem Kopf und setzte den Weg nach Riancé fort. Über eine Strecke von mehreren Kilometern bereute er es, daß er seiner tapferen Tante nicht ein wenig Zeit gewidmet hatte. Warum hatte er ihr nicht wenigstens eine kurze Nachricht hinterlassen? Er, ihr großspuriger Neffe, hatte sie, die ihm treu Ergebene, verraten. Plötzlich war er nicht mehr so stolz auf sich. Nach einer Weile fing es an zu regnen, ein feiner, tückischer Nieselregen fiel, der ihn im Verein mit der Kälte der Nacht zwang, sich einen Unterschlupf zu suchen. Er war inzwischen weit genug gefahren, und als er eine Scheune erblickte, versteckte er das Rad und verkroch sich im Heu, wo er aus lauter Erschöpfung bald einschlief.

Am nächsten Morgen hielt er in aller Frühe vor dem Geschäft von Monsieur Burgaud, dem Damen- und Herrenschneider von Riancé, dessen Atelier im Jahr 1830 begründet worden war, wie auf dem vornehmen, vergoldeten Wappen über dem Schaufenster zu lesen stand. Die Zeit bis zur Öffnung des Ladens vertrieb er sich mit einer mehr als sparsamen Toilette, die darin bestand, daß er sich das Heu von der Kleidung zupfte, die Brillengläser putzte und sich aufs Geratewohl mit dem Kamm durchs Haar fuhr. Zwei kichernde junge Frauen kamen vorbei. Sie gingen durch den Garten hinters Haus, und kurz darauf zog eine von ihnen den Vorhang im Geschäft hoch, wobei sie wiederum einen neugierigen Blick auf den hochgewachsenen, durchgefrorenen jungen Mann auf dem gegenüberliegenden Gehsteig warf, der die Hände aneinanderrieb und auf der Stelle trat. Als kein Kunde erschien, stieß er die Eingangstür auf, wodurch über seinem Kopf ein Gehänge aus Kupferröhrchen in Schwingung versetzt wurde und zu klimpern anfing. Der warme Geruch der Stoffe schlug ihm entgegen und entschädigte ihn für die nächtliche Irrfahrt. Durch die Luke des Ofens fiel flackerndes, orangefarbenes Licht auf den Parkettboden. Eingehend betrachtete er die Stoffballen in den Regalen, bewunderte mit Kennerblick den langen, kunstvoll gearbeiteten Verkaufstisch, auf dem ein Meterstab lag, als aus dem hinteren Teil des Ladens Madame Burgaud hervorkam, die er, dank der Beschreibung, die man ihm von ihr gegeben hatte, an ihrem leicht schaukelnden Gang erkannte. »Was kann ich für Sie tun, Monsieur?« fragte sie argwöhnisch und kam dem großen, nach Heu riechenden jungen Mann nicht zu nahe. Viel, hätte er am liebsten gesagt, doch erforderte der Anstand, daß er sich zuerst einmal vorstellte. Sicher sei sie bereits im Bilde. Ihre Tochter Marthe und deren Mann Etienne hätten ihn zu ihr geschickt. Das junge, frischverheiratete Paar hatte sich einige Jahre vor Kriegsbeginn in Random niedergelassen und einen Getreidehandel übernommen.

Etienne, dem er sich anvertraut hatte, als er die Einberufung erhielt, hatte ihm geraten, nach Riancé zu gehen – aus gutem Grund, denn dort lief einem nicht ein einziger Deutscher über den Weg. Ein weiterer Vorteil in diesen entbehrungsreichen Zeiten bestand darin, daß es in den umliegenden Wäldern von Wild nur so wimmelte, da die Jagd verboten war, und das Dorf somit in den Genuß geradezu fürstlicher Köstlichkeiten kam. Die Wilderei lief auf Hochtouren, und nicht selten stand bei den Burgauds am Sonntag ein Rehbraten auf dem Tisch. Als das Leben in Random allzu hart geworden war, hatte Etienne seine Frau mitsamt den drei Kindern nach Riancé geschickt. Im Haus der Schwiegereltern waren sie willkommen. Alphonse Burgaud, der sämtliche Bauern der Gegend kannte, weil er jedem von ihnen früher oder später einmal einen Anzug – ob für eine Beerdigung oder eine Hochzeit – geschneidert hatte, würde sicherlich einen Hof ausfindig machen, dessen Besitzer bereit wäre, einen Flüchtling aufzunehmen.

Madame Burgaud bat den jungen Mann, ihr zu folgen, führte ihn ins Wohnzimmer, das zugleich als Eßzimmer diente, und forderte ihn trotz der Befürchtung, der hartnäckige Heugeruch könnte sich im Sessel festsetzen, auf, doch Platz zu nehmen, bis sie ihren Mann benachrichtigt hätte. Das Zimmer, in das man über drei mit Mosaik ausgelegte Stufen gelangte, befand sich in einem erst kürzlich an das Haus angebauten Flügel. Das Licht fiel durch große Eckfenster, die einen Blick auf den parkähnlichen Garten gewährten, in dem ein winziges Zicklein frei herumsprang. Madame Burgaud, die überraschend früh zurückkehrte, erriet, was dem jungen Mann durch den Kopf ging, während er nachdenklich aus dem Fenster blickte. Sie zeigte auf das Tier und sagte: »Mit seinem mehr als eigenwilligen Geschäftssinn tauscht mein Mann uns noch alle gegen Ziegen ein.«

Da es den Bauern an Barem fehlte – Geld klingelte gewöhnlich erst nach der Ernte in der Kasse –, ein Anzug manchmal jedoch nicht warten konnte, akzeptierte Alphonse den Gegenwert für seine Arbeit ohne zu murren in Naturalien. Eine Ziege für aufwendigere Arbeiten, Butter oder Eier für kleinere Sachen, oder gar ein »Dann bezahlen Sie mich eben beim nächstenmal«, wenn seine Schuldner allzu minderbemittelt waren. Eines Tages kam das erste Zicklein aus einer inzwischen schon langen, weit zurück reichenden Reihe auf den Tisch. Als die drei kleinen Enkelinnen, denen man die Wahrheit verschwiegen hatte, in dem Braten ihren auf unerklärliche Weise verschwundenen Spielgefährten der vergangenen Wochen wiedererkannten, fingen sie an zu schniefen. Dicke Tränen tropften auf die Teller, und gleich darauf stimmten die Mädchen ein Konzert von Schluchzern an und weigerten sich, das Essen anzurühren. Da verkündete Alphonse plötzlich, auch er habe keinen Hunger mehr, woraufhin seine Frau Claire kurzentschlossen die Platte ergriff und das Fleisch ruck, zuck in den Mülleimer kippte. Die nachfolgenden Ziegen – es gab deren bis zu vier in dem mit Maschendraht umzäunten Holzhäuschen – wuchsen in aller Ruhe auf und starben schließlich eines natürlichen Todes, zum großen Verdruß von Claire, die ihren Mann aufforderte, die Zicklein künftig lieber in Stücke zerteilt mitzubringen. Die letzte war trotz des kleinen Wuchses schon längst kein Jungtier mehr. Eine Störung der Hirnanhangdrüse zweifellos, die dem Bauern zu einem guten Handel verholfen hatte, denn ehrlich gesagt waren die unzähligen Meter Organdy, die Dutzende von Stunden, in denen man sich beim Nähen die Augen verdorben hatte, und die langwierigen Anproben im Atelier, die erforderlich waren, damit die Braut am Ende wie eine kleine flockige Wolke aussah, mehr wert als eine Zwergziege.

Kaum hatte der kleine, wie aus dem Ei gepellte Alphonse Burgaud in einem Dreiteiler und mit kurzem, wie eine Bürste geschnittenem graumeliertem Haar und chaplineskem Schnauzer das Wohnzimmer betreten, erkannte er den Besucher und ging mit ausgestreckter Hand auf ihn zu. Reichlich zwei Jahre waren vergangen, seit der Schneidermeister an einem Tag mit grauem Himmel, wie es sich für Allerheiligen ziemt, seine Tochter Marthe zum Friedhof von Random geleitet hatte, wo sie am Grab ihres Erstgeborenen, des kleinen, kurz nach der Geburt verstorbenen Jean-Clair, Andacht halten wollte. Während er am Arm seiner Tochter den Seitenweg entlangging, war ihm ein großer junger Mann mit Brille aufgefallen, der vor einem blumengeschmückten Grab stand und seinen gramgebeugten Vater stützte. Die üppige Blumenpracht ließ auf einen noch nicht allzu lange zurückliegenden Trauerfall schließen, die Fassungslosigkeit des Mannes auf das Ausmaß seines Kummers. Ein Jahr später erblickte er den jungen Mann erneut auf dem Pilgerweg der Erinnerungen, doch diesmal war er allein. Seine hohe Gestalt war so tief über das Grab der Seinen gebeugt, als wäre er im Begriff, sich zu ihnen zu legen. Das Leid hatte den gebrochenen Mann, dem er damals zur Seite gestanden hatte, schon bald dahingerafft, er hatte sich zu seiner Frau unter die graue Granitplatte gelegt und durch soviel Eile eine rührende Treue unter Beweis gestellt, von der er ihn, die Verkörperung dieser Liebe, auszuschließen schien. So spielte er nun, der verlassene Sohn, mit dem Gedanken, sich ihnen anzuschließen und zwischen Vater und Mutter den warmen Platz einzunehmen, der ihm vorbehalten war, ihm, dem Wunderkind, diesem Wunder des Lebens nach einer Folge von Fehlgeburten. In jenen Momenten wurde Alphonse Burgaud Zeuge, wie dem jungen Mann gleichsam das Leben gerettet wurde: eine zierliche, ganz in Schwarz gekleidete Dame mit weißem Haar, die beim Gehen den Kopf zwischen die Schultern zog und trippelnde Schrittchen machte – laut Marthe seine Tante und die hervorragendste Volksschullehrerin am unteren Lauf der Loire –, trat neben ihren verzweifelten Neffen, zupfte an seinem Mantel, entriß ihn der hypnotischen Anziehung der Grabplatte und ging, nachdem sie ihm die Entscheidung abgenommen hatte, mit ihm den Mittelweg des Friedhofs entlang zum Ausgang.

Eine seltsame Fügung des Schicksals wollte es, daß eben jener junge Mann sein Wohlergehen nun in seine, Alphonse Burgauds, Hände legte, als wüßte er, der überall gesucht wurde, mit seinem Leben, das ihm auf so wundersame Weise geschenkt worden war, nichts weiter anzufangen. Kaum hatte Etienne seinen Schwiegervater gebeten, in eine Geschichte einzugreifen, die er bislang nur gebannt als Augenzeuge verfolgt hatte, da machte Alphonse Burgaud sich auf die Suche nach einem Bauernhof, wo der Flüchtling untertauchen könnte. Auf dem Grund und Boden des Grafen de la Brègne war er am Rand des Waldes fündig geworden. Die Familie war eine der ältesten Frankreichs – nein, sie war nicht älter oder jünger als jede andere auch, nur hatte sie über Jahrhunderte hinweg den Fortbestand ihres Namens gewährleisten, das heißt sich ihr im Zickzack bis zu den eigenen Wurzeln zurückreichendes Erinnerungsvermögen bewahren können. Je länger die Familiengeschichte, desto größer das Ansehen, und so hatte eine Marquise des Ancien Régime die Titel eines Generals der Kaiserzeit, eines gewissen Fürsten Sowieso oder Herzog Soundso, in Zweifel gezogen und den Ausspruch getan: »Schön und gut, aber Ihr habt keine Ahnen«, worauf der General, der mit ebensoviel Ruhm und Wunden bedeckt war wie der Haudegen aus der Zeit der Kreuzzüge, dem die Marquise ihren Namen verdankte, hochfahrend erwiderte: »Madame, unsere Ahnen, das sind wir selbst.« Das war nicht sonderlich nett gegenüber seinem Vater, der vielleicht nur ein einfacher Schankwirt war und somit einem Stand angehörte, der keinen sich auf eine lange Ahnenreihe gründenden Dünkel gelten läßt, außer natürlich in den eigenen Reihen.

Der Schneider von Riancé ging im Schloß aus und ein. Außer Sachverstand und Nähzeug brauchte er nichts mitzubringen, denn der Graf ließ sich die Shetlandstoffe eigens aus Schottland kommen. Dies machte großen Eindruck auf Alphonse Burgaud, der seit seinen Lehrjahren bei Pariser Couturiers kostbares Tuch und angenehme, leichte Stoffe sehr schätzte, beispielsweise einen Mantel aus Kaschmir, den er zur Demonstration mit dem kleinen Finger hochzuheben pflegte. Im Vertrauen auf die Anglophilie des Grafen war er anfangs versucht gewesen, ihn darüber in Kenntnis zu setzen, daß einer seiner Pachtbauern demnächst vielleicht einen Verweigerer der staatlich verordneten Zwangsarbeit bei sich aufnehmen würde, doch nachdem er aus seinem Mund einige alles andere als freundliche Bemerkungen über einen gewissen Brigadegeneral vernommen hatte, der in einem englischen Radiosender zu den Franzosen sprach (und der in seinen Augen lediglich das Pech hatte, ein Landjunker zu sein, bei dem das »de« im Namen nicht mit einem Adelstitel gleichzusetzen sei), hatte Alphonse Burgaud es vorgezogen, nichts zu sagen und das Geheimnis für sich zu behalten.

So erlebte der Graf ein paar Wochen später eine Überraschung, als ihm auf seinen Ländereien ein sonderbarer Viehhirte über den Weg lief, der eine viel zu enge Jacke und eine für seine hohe Gestalt allzu kurze schwarze Kordsamthose trug und in Holzschuhen vor sich hin stolperte, während er die Herde begleitete, in der linken Hand ein aufgeschlagenes Buch, dessen Lektüre er von Zeit zu Zeit unterbrach, um einer trödelnden Kuh mit der Gerte einen Klaps auf die Kruppe zu verpassen. Der junge Mann hatte das großzügige Angebot des Bauernpaars nämlich allein unter der Bedingung angenommen, daß er wie ein einfacher Knecht auf dem Hof mithelfen dürfe. In aller Herrgottsfrühe stand er auf, um die Kühe zu melken, wozu, wie er versicherte, eine alles andere als einfach zu erlernende Fingerfertigkeit vonnöten war. Es reichte eben nicht, die Zitzen des armen Tieres durchzukneten oder die Sache wie ein Küster beim Läuten der Glocken anzugehen, damit zischend ein cremiger Milchstrahl herausschoß, sprudelnd gegen die Wand des Blecheimers spritzte und die Brillengläser des Melkers mit lauwarmem Dunst beschlagen ließ. Lange hatte er sich gemüht, bis er die abwechselnde Bewegung beherrschte, rechte Hand, linke Hand, den genau bemessenen Druck der Finger, wobei er mit Daumen und Zeigefinger die Zitzen ringförmig umschloß und mit ihnen, als wären sie ein Ventil, die Menge der nachströmenden Milch regulierte, bevor er sie herauspreßte. Die Lehrzeit unter dem kritischen und zugleich belustigten Blick des Bauern war nicht ohne die eine oder andere Unannehmlichkeit verlaufen. Die Melkerei hatte ihre Tücken. Merkte die Kuh nämlich, wie untauglich und tolpatschig sich der Neuling anstellte, konnte es geschehen, daß sie ihre Übellaunigkeit kundtat, indem sie ihrem Peiniger den gewöhnlich nicht sehr sauberen Schwanz um die Ohren schlug und ihn, sofern er dem Schlag nicht auswich, samt Eimer rückwärts in den Mist beförderte. Die Wange an die Flanke des Tieres gepreßt, das heikle Gleichgewicht auf dem für ihn viel zu niedrigen, dreifüßigen Melkschemel wahrend, versuchte er verzweifelt, die langen Beine zu beiden Seiten des prallen Kuhbauchs unterzubringen. Wenn er beim Melken sich selbst überlassen war, band er den Kühen kurzerhand den Schwanz fest und wickelte sich zum Schutz einen Jutesack um den Kopf, ja, er war sich auch nicht zu gut, wenig orthodoxe Körperhaltungen einzunehmen und sich zum Beispiel im Damensitz auf den Melkschemel zu hocken, um rechtzeitig dem Huf eines widerspenstigen Tieres auszuweichen, das ihm schon einmal ein blaues Souvenir am Schienbein verpaßt hatte.

Von der Aussaat im Frühjahr bis hin zu den Feldarbeiten im Herbst durchlebte er den gesamten Zyklus ländlichen Daseins, er hackte, mähte, band Getreide zu Garben, fuhr die Ernte ein, jätete Unkraut, hegte und pflegte die wenigen für den Hausgebrauch bestimmten Tabakpflanzen und rauchte gelegentlich sogar Pfeife, was ihm aber nicht schmeckte, da der Rauch im Pfeifenstiel zu sehr abkühlte, er hantierte mit Heugabel und Spaten, mistete den Stall aus, fuhr mit dem Schubkarren Spreu hin und her, hackte Holz, hielt das Schwein fest, während der Bauer es schlachtete, und wurde beim Anblick des spritzenden Blutes fast ohnmächtig, bat lediglich darum, von der Arbeit im Pferdestall befreit zu werden, nachdem ihm einer der beiden plumpen Ackergäule fast einen Finger abgebissen hätte, während er versuchte, ihm das Gebiß des Zaumzeugs ins Maul zu schieben (was ihn Jahre später, als er noch einmal die Erinnerungen seines Vaters durchlas, zu dem Eingeständnis veranlaßte, daß er selbst einen erbärmlichen Dragoner abgegeben hätte), und ansonsten schlug er die Zeit tot, indem er las, bastelte, Regale anbrachte, die Deichsel eines Pfluges reparierte, wenn er nicht gar für mehrere Tage verschwand, sofern er bei der Arbeit nicht unentbehrlich war, oder sich abends mit den Worten, er sei frühmorgens zum Melken zurück, in den Sattel seines Fahrrads schwang, und tatsächlich fand man ihn dann, nachdem er sich kaum Zeit zum Umziehen genommen hatte, an seinem Posten, als wäre nichts gewesen, und nichts an seinem Verhalten gab den Gastgebern Aufschluß über sein heimliches Tun, aber warum aus einer Mücke einen Elefanten machen, wo doch wahrscheinlich eine junge Frau dahintersteckte, schließlich war er ja im richtigen Alter, und für einen jungen, kraftstrotzenden Burschen wie ihn war dieses Einsiedlerdasein kein Leben. Er ließ nichts durchblicken, bis auf das eine Mal, als, nachdem er wieder mehrere Tage fortgewesen war, die Bauersfrau ihn, während sie den Hof fegte, dabei beobachtete, wie er eilig vom Rad sprang, sich in sein Zimmer verzog, im Kamin ein paar Papiere verbrannte und deren verkohlte Schnipsel sodann auf dem Komposthaufen verstreute. Als es auf Mittag zuging, entschuldigte er sich mit den Worten, er habe keinen Hunger, und zog sich zurück. Wenig später klopft die Bäuerin, über seine Schweigsamkeit beunruhigt, an seine Tür, um ihm eine Tasse Kaffee-Ersatz zu bringen, eine gräßliche Brühe aus gerösteter Gerste. Da sie keine Antwort erhält, betritt sie unaufgefordert das Zimmer, das ihrem eigenen Sohn gehört, den man als Kriegsgefangenen nach Deutschland verschleppt hat, und findet es leer. Das Fenster steht weit offen und gibt den Blick frei auf den summenden Sommer und das grüne Meer der Bäume, worüber sie sich nicht weiter wundert, denn sie weiß, daß er meist durchs Fenster steigt, um sie bei der Rückkehr von seinen nächtlichen Ausflügen nicht zu stören, und da erblickt sie ihn auch schon am Waldrand, niedergeschlagen sitzt er an einen Baumstamm gelehnt, den Kopf auf die angewinkelten Arme gestützt, eine brennende Zigarette zwischen den Fingern.

Er war gerade noch einmal davongekommen, und das verdankte er vielleicht einem nicht allzu energischen Treten der Pedale, einem zu langen Umweg, einem Zaudern bei der Suche nach dem vereinbarten Ort, doch ohne die rettende Verzögerung wäre es ihm wie seinem Kameraden Michel Christophe ergangen, der vor seinen Augen verhaftet, brutal in den Wagen gestoßen, nach Nantes gebracht, in der dortigen Kommandantur gefoltert, ins Gefängnis geworfen und anschließend nach Buchenwald verschleppt worden war, von wo er erst nach Kriegsende zurückkehren sollte, ausgemergelt, so unglaublich ausgemergelt, daß sich die Haut dünn über Schädel und Knochen spannte und seine Mutter, die ihn auf dem Bahnsteig empfing, zurückschrak, als sie die Arme um den erbärmlichen Körper ihres Sohnes schlingen wollte, aus Angst, er könnte dabei zu Staub zerfallen wie Mumien, mit denen man nach der Öffnung eines uralten Grabes unvorsichtig umgeht. Sie sagte nur: »Bist du es wirklich?«, doch nicht etwa, um sich zu vergewissern, daß er es tatsächlich war – so verstümmelt und entstellt er auch sein mochte, wie hätte sie ihn, Fleisch von ihrem Fleisch, nicht erkennen sollen? –, sondern wie man es eben tut, wenn man die Verwandlung eines nahestehenden Menschen nicht wahrhaben will: bist du es wirklich, du Wunder, auf das man nicht gefaßt war, bist du es wirklich, du Balancekünstler auf der Klinge des Todes? Tagelang fütterte sie ihn wie ein Kind mit Mehlbrei und Hackfleisch und respektierte sein Schweigen, bis er, sobald er wieder zu Kräften gelangt war und sein Blick nicht mehr so entrückt schien, von den ihm widerfahrenen Schrecken berichtete: dem Hunger, den Flöhen, dem Ungeziefer, der Ruhr, der Kälte, dem Fieber, doch wie sollte er den ausgestandenen Hunger jenen begreiflich machen, die selbst von Entbehrungen sprachen; den Juckreiz, der ihn dazu getrieben hatte, sich bis aufs Blut und an den Rand des Wahnsinns zu kratzen, während man hier darüber klagte, daß Seife nur schwer zu bekommen sei und kein bißchen schäume; die Kälte, wo man hier doch auch vier Winter durchschlottert hatte; das Fieber, wenn man hier doch selbst im Bett Decken und Plumeaus übereinandergestapelt hatte. Also behielt er den Rest für sich und vertraute seinem Kameraden Joseph erst sehr viel später an, was ihn seit seiner Rückkehr Tag und Nacht quälte und was er mit eigenen Augen mit angesehen hatte: fünfhundert kleine Zigeuner im Alter zwischen fünf und zwölf Jahren waren zu Tode gespritzt worden, einen nach dem anderen hatte man sie auf einen Tisch gelegt und festgehalten, während ein sogenannter Chirurg, Fahrstuhlführer im bürgerlichen Leben, ihnen eine lange Kanüle ins Herz stach und ein gelbliches Gift von tödlicher Wirkung injizierte. Sein Kamerad, der daran denken mußte, wie langsam er an jenem Tag mit dem Rad gefahren war und welch glücklicher Umstand ihn vor demselben Schicksal bewahrt hatte, verbot sich die Frage, ob er zu jenen gehörte, welche die kleinen Märtyrer hatten festhalten müssen.

Oft folgte er sonntags Alphonses Einladung und verbrachte einen Teil des Tages bei den Burgauds, wo eine Art Stammtisch stattfand. Der Schneider empfand es als Ehrensache, ein offenes, gastfreundliches Haus zu führen. Seinem neugierigen Wesen verdankte er die Freundschaft mit einem Theologen und einem Dominikanerpater, eine Freundschaft, die sein rastloser Geist nutzte, um Fragen über Fragen zu stellen, und die es ihm obendrein erlaubte, die Bande zu jenen Kameraden aus der Pariser Zeit aufrechtzuerhalten, die es damals als unbemittelte junge Männer aus der Provinz in die Lichterstadt gezogen hatte, wo sie für eine Konzertkarte gern als Claqueure fungierten. Zwei von ihnen, ein Absolvent der École Polytechnique und ein Journalist, die Karriere gemacht hatten, statteten ihrem bescheidenen Freund weiterhin Besuche ab, zumal jetzt, wo das Leben im besetzten Paris mehr als beschwerlich war. Sie und andere mehr – namentlich auch ein chinesischer Student, bei dem man sich fragte, wie es ihn wohl zu ihnen verschlagen hatte – gaben sich in dem großen Haus in Riancé ein Stelldichein. Die Unterhaltung verlief stets lebhaft, doch der hochgewachsene junge Mann beteiligte sich nur widerstrebend daran, seit Alphonse ihn durch die Blume gewarnt hatte. Der Graf de la Brègne hatte ihm, dem Schneider, seine Verwunderung über eine Entdekkung mitgeteilt, die er auf dem Bauernhof gemacht hatte. Auf einer Ecke der Anrichte habe eine Ausgabe von Balzacs *Louis Lambert* gelegen, und er bezweifle, daß es sich hierbei um das Lieblingsbuch des Bauernpaars handelte. Dieser Vorfall war dem Theologen Anlaß genug, sämtliche Werke in den Bücherschränken des Wohnzimmers aufzuzählen, die auf dem Index standen, wobei er sogar mit rechtschaffenen bürgerlichen Autoren scharf ins Gericht ging und apodiktisch verkündete: »Auch von Bordeaux darf man nicht alles lesen« – ein erschütterndes Urteil, denn wenn einer wie Henry Bordeaux, dieser glühende Verfechter von moralischer Ordnung, Glaube und Familie, in die Hölle der Literatur verbannt wurde, blieb einem kaum mehr als die *Nachfolge Christi* übrig. In seiner Warnung schwang eine böse Drohung für das weitere Leben des Hausherrn mit, doch dieser tröstete sich darüber hinweg, indem er sich in seinem breiten, speckigen Ledersessel genüßlich zurücklehnte und eine der Havannas probierte, von denen ihm sein Journalistenfreund, Gründer und Leiter der Tabakrevue, regelmäßig ein paar Exemplare mitbrachte. Alphonse Burgaud war eben ein Mensch, der einen ständigen Drahtseilakt zwischen Geistlichem und Profanem vollführte, er brachte es fertig, sich eine Woche zu den Mönchen in die Abtei von Melleraye zurückzuziehen, wo er ihr karges Mahl teilte und der Messe beiwohnte, aber auch, für ein paar Tage sang- und klanglos zu verschwinden, ohne daß jemand wußte, wohin und zu wem – wobei ihm zu letzterem ein Bekenntnis sicherlich schwerer gefallen wäre. Wie auch immer, es kam ihm nur auf eines an: Hauptsache, er konnte dem Zuhause entfliehen.

Er war nicht nur Musiker, sondern versöhnte in sich auch den Büßer und den reuigen Sünder. Am Konservatorium von Nantes hatte er den ersten Preis für Violine gewonnen und später in Paris Harmonielehre und Kontrapunkt studiert, und noch heute spielte die Musik bei den Burgauds eine große Rolle. Der eine brachte seine Flöte mit, der andere eine Bratsche, ein Dritter ein Cello. Alphonse spielte mal Klavier, mal griff er zur Violine, und so zog sich der Abend mit Musik eines improvisierten Kammerensembles, dessen Klänge im Sommer bei offenem Fenster die Nacht des schlafenden Riancé erfüllten, in die Länge.

Claire Burgaud fand an diesen Zusammenkünften nur mäßigen Gefallen. Sie sah in ihnen nicht nur einen weiteren Vorwand ihres Mannes, sich von der Familie abzusetzen, sondern behauptete gar – eine Abwehrreaktion vielleicht –, die Musik würde ihr das Trommelfell zerreißen. An dem Tag, an dem

Marthe ihr drittes Kind zur Welt brachte, war sie, Claire, aus lauter Wut darüber, daß die anderen sich einer so eitlen Vergnügung hingaben, während ihre Tochter die Geburtswehen durchlitt, ins Wohnzimmer gestürmt, hatte dem Vertreter für Damenwäsche, den Alphonse jedesmal eigens in Ancenis vom Bahnhof abholte, die Flöte von den Lippen gerissen, sie wie einen Stock über dem Knie mitten entzweigebrochen und dem unglücklichen Musiker die beiden Teile mit den Worten zurückgegeben: »Es ist ein Junge.« Für solche Wutanfälle war sie berühmt. Sie brüstete sich damit, am Tag ihrer Hochzeit zwei Schleier gebraucht zu haben, da der erste zerrissen sei, als sie ihn in einer Tür einklemmte, die sie selbst heftig zugeknallt hatte. (Zu ihrer Entlastung muß gesagt werden, daß jener Tag ohnehin nicht den glücklichsten ihres Lebens darstellte, denn die Ehe war mehr oder weniger von den beiden Familien arrangiert worden.) Ihrem aufbrausenden Wesen hatte sie es auch zu verdanken, daß sie sich im Büro die Hand auf einem Zetteldorn aufspießte, einem von diesen nadelspitzen Dingern, auf denen man Rechnungen sammelt wie Pascal seine Gedanken, das nicht nur das Stück Papier, sondern auch die Handfläche der hektischen Frau durchbohrte und dort ein braunes Stigma wie einen Altersfleck zurückließ, und mit einem solchen sollte es schließlich verschmelzen. Von Claires Art, alles ruck, zuck zu erledigen, als wollte sie sich etwas Lästiges vom Halse schaffen, ging eine gewisse Verbitterung aus. Ihre erklärte

Abneigung gegen die Musik jedoch lag in ihrer eigenen, im Keim erstickten Berufung zur Musikerin begründet: als Mädchen hatte sie stundenlang Klavier gespielt, bis ihr Vater aus lauter Wut darüber, daß sie sich mit nichts anderem beschäftigte, mit der Axt Kleinholz aus dem Flügel gemacht hatte. Der kleine, mahagonifarbene Tisch in der Ecke des Wohnzimmers war alles, was davon übriggeblieben war.

Der hochgewachsene junge Mann lernte auch Marthes Schwestern kennen: Anne, die Mittlere, die zurückhaltend und liebenswürdig war, eine lange, schmale Nase hatte, mit ihrer kleinen, zarten Gestalt an eine Tanagrafigur erinnerte (die drei Burgaud-Töchter waren eine kleiner als die andere, wenngleich Anne, die größte, es immerhin auf einen Meter fünfzig brachte) und sich von der Betriebsamkeit im Haus fernzuhalten schien, denn sie war schweigsam, stickte gern, klimperte auf dem Klavier oder gesellte sich bereitwillig zu den Näherinnen ins Atelier, um ihrem Vater, ob mit der Hand oder der Maschine, bei der Arbeit zu helfen; und Lucie, die jüngste, die, noch nicht ausgewachsen, ein wenig pummelig, stets vergnügt und leicht entflammbar war und sich sogleich angeboten hatte, ihm die Post zum Bauernhof zu bringen. Oft sah er, wie sie in rasantem Tempo auf dem Fahrrad heransauste, wobei sie eine Abkürzung durch den Wald machte, allerdings weniger, um die paar hundert Meter zu sparen, als vielmehr, damit die geheime Mission noch mehr prickelte, während sie den Lenker fest umklammerte und mit dem Rad über den Waldweg holperte, um ihm, Joseph, kurz darauf außer Atem die Kuverts auszuhändigen, die er auf der Suche nach der ersehnten Handschrift rasch durchsah, drehte und wendete, und wenn er sie dann in die Tasche schob, konnte sie ihm die Enttäuschung vom Gesicht ablesen. »Auf die Post ist kein Verlaß«, sagte sie dann gleichsam als Erklärung für die unerträgliche Säumigkeit, als könnte ihn dies über seinen Kummer hinwegtrösten. Er nickte traurig. »Im Krieg läuft manches verkehrt«, antwortete er, als hätte er die Post im Verdacht, bei der Zustellung der Briefe eine Auswahl zu treffen und die seiner Tante durchzulassen, die seiner Geliebten jedoch ausgerechnet zurückzubehalten. Obwohl er sie Lucie gegenüber nie erwähnt hatte, wußte sie Bescheid. Sie hatte sogar mit dem Gedanken gespielt, dieser Emilienne zu schreiben, damit sie endlich das Schweigen brach, das ihrem inoffiziellen Verlobten so zu schaffen machte. Gewisse Bemerkungen, die sie bei Etienne aufgeschnappt hatte, liefen darauf hinaus, daß die blonde Mylady ihre Rolle mit dem wirklichen Leben verwechselte, doch konnte Lucie sich darauf keinen Reim machen. War ihm das Gerücht auch schon zu Ohren gekommen? Eines Tages schob er die Briefe jedenfalls in die Tasche, ohne auch nur einen Blick darauf zu werfen.

Wenn sich die Möglichkeit ergab, schob Lucie ihm einen süßen Trost in Form einer Tafel Schokolade – sein Laster, wie er zu sagen pflegte – zwischen die

Bücher, die sie ihm auf seine Bitte hin brachte. Dieser Aufmerksamkeit verdankte sie den Spitznamen »Rotkäppchen«. Die junge Botin trug an jenem Tag zwar eine blaue Pelerine, doch sie errötete, als wollte sie dem neuen Namen, den der hochgewachsene junge Mann ihr gegeben hatte, besser gerecht werden.

Es kam der Tag, an dem er die Bibliothek der Burgauds und die Vorzüge des Landlebens zur Genüge ausgekostet hatte. Die Ernte war eingebracht, und so verkündete er, er wolle fortgehen: er habe vor, die Leere auszufüllen, die Michel Christophe in der Werkstatt seines Vaters hinterlassen hatte. So kam es, daß er sich gerade im Dachstuhl eines alten Gebäudes befand, um das Gebälk auszubessern, als in Nantes am 16. September 1943 die Sirenen aufheulten – ein Heulen wie von einem verängstigten Tier, das nicht sonderlich ernst zu nehmen die Einwohner gelernt hatten. Seit mehreren Wochen war ein Alarm auf den anderen gefolgt, ohne daß größerer Schaden entstanden wäre als eine Zwangspause von einer knappen Stunde. Die Leute ließen auf der Stelle alles stehen und liegen und eilten zu den Schutzräumen in den tief unter der Altstadt gelegenen Kellern. So wurden die steinernen Gewölbe, die bereits drei oder vier Jahrhunderte überdauert hatten, wieder in Dienst genommen. Der Brutalität der Neuzeit setzte man die Baukunst aus der Zeit der Kathedralen entgegen.

Modriger Geruch schlägt den freiwillig Beerdigten

entgegen, die in heillosem Durcheinander um einen Sitzplatz rangeln und dabei eine völlig neue Spielart der »Reise nach Jerusalem« erfinden. Ehemalige Frontkämpfer und Kriegsversehrte – nicht selten ist beides in einer Person vereint – zücken einen mit Foto versehenen Ausweis und verlangen den Vortritt, nehmen sich also im Namen ihres einstigen Heldenmuts eine kleine, wohlverdiente Feigheit heraus. Um den Anspruch zu bekräftigen, stehen ein paar Leute eilfertig auf, doch weniger, um ihren Platz anzubieten, als um den anderen eine Lektion in gutem Benehmen zu erteilen. Den Boden, in dem sich die Keller befinden, hat man vor langer Zeit den schlammigen Flußauen abgetrotzt, aber die Feuchtigkeit sickert durch die brüchigen Fugen des Gemäuers und erobert langsam ihr Terrain zurück. Wer stehen muß, lehnt sich tunlichst nicht an die klammen Mauern, die stellenweise mit einer Schicht aus Salpeter überzogen sind – ein explosiver Verweis auf das, was sich über ihren Köpfen zusammenbraut. An einem Draht hängt eine nackte Glühbirne und gibt die Ängste eines jeden den anderen preis. Manch einer hält sich lieber im Halbdunkel und verbirgt, was im hellen Rund erbarmungslos offenbart würde. Blicke kreuzen oder meiden sich, stellen für kurze Dauer stillschweigendes Einverständnis her oder wenden sich an der Schwelle zu allzu großer Vertraulichkeit ab. Die Nähe des Todes rechtfertig nicht, es an Haltung fehlen zu lassen. Beine werden aneinandergepreßt, Frauen zupfen an Sommerröcken, die nicht die Knie bedecken und noch nie so kurz gewesen sind. Knappheit hat auch gute Seiten, man spart Stoff und verwöhnt zugleich das Auge. Jener vornübergebeugte Mann, der die Ellbogen auf die Knie und das Gesicht auf die Hände gestützt hat, würde seinen Platz um nichts auf der Welt hergeben. Er hat die Lider halb gesenkt, und obgleich er äußerlich das Bild eines zutiefst verängstigten Menschen abgibt, ergötzt er sich aus den Augenwinkeln am Anblick der übereinandergeschlagenen Beine seiner Nachbarin. Eigentlich wäre dies der geeignete Moment, ihr den Arm um die zitternden Schultern zu legen, sie in ihrer Angst mit einem Händedruck zu trösten, denn manchmal ist die Panik so groß, daß die Haare zu Berge stehen oder während eines Alarms im Keller grau werden.

Jeder fragt sich, ob der Platz des Nachbarn nicht ein besseres Unterpfand fürs Überleben ist als der eigene. Wo kommt man wohl am ehesten mit heiler Haut davon? Dort drüben vielleicht? Unter dem niedrigen Gewölbebogen? Oder im Türrahmen? Welche künftigen Opfer haben in dieser Lotterie des Todes schon ein verhängnisvolles Los gezogen? Im Gewölbe brauchen sich nur ein paar Staubkörnchen zu lösen und jemandem auf den Kopf zu rieseln, schon springt der Getroffene auf, blickt nach oben, um den Ursprung dieses Mini-Erdrutsches zu beäugen, und sucht sich wortlos einen anderen Platz. Obwohl es an Kandidaten nicht mangelt, bleibt der freigewordene Sitzplatz leer. Die Leute ringsum rücken intuitiv beiseite, so daß sich zwischen ihnen eine Art Bresche auftut, in die das Unheil möglichst herabstürzen soll, als wäre in dem von einer Prise Kalkstaub markierten Bereich genug Platz für die Ruinen der ehemaligen Residenz der bretonischen Herzöge.

Viele der Schutzsuchenden sind aus dem Kino in der Nachbarschaft gekommen, dem Katorza, das sich in der gleichnamigen, zwischen der Rue Scribe und der Place Graslin gelegenen Straße befindet und in dem zur Zeit *Der Graf von Monte Christo* läuft, mit dem schönen Pierre-Richard Wilm in der Hauptrolle – zwei Stunden unerbittlicher Vergeltung eines Rachsüchtigen, den in keinem Augenblick auch nur ein Anflug von Mitleid überkommt. Auf den ersten Teil, der aus einem Dokumentarfilm und den Nachrichten bestand (ein Mann mit Ohrfeigengesicht berichtete mit schmetternder Stimme vom siegreichen Vorstoß der Achsenmächte und von dem Kuß des Marschalls Pétain für ein kleines Blumenmädchen, das ihn auf dem Bahnsteig willkommen geheißen habe), folgte eine kurze Pause, und gerade als der Vorspann des Films über die Leinwand flimmerte, wurde die Musik plötzlich von einem lang anhaltenden, in der Partitur nicht vorgesehenen, immer mehr anschwellenden Klagelaut übertönt, der sich gleich einem Krebsgeschwür in die Melodie hineinfraß. Die Vorführung wurde unterbrochen, das Licht flammte auf, und die um ihr Vergnügen betrogenen Kinobesucher stürzten zum Ausgang. Jetzt kommentierten sie den Vorfall im langgezogenen, niedrigen Gewölberaum: »Haben Sie den Grafen von Monte Christo gesehen?« Worauf der eine oder andere mit vielsagendem Lächeln erwidert, nein, der habe sich hier unten noch nicht blicken lassen. Die Gespräche versickern, erwartungsvolle Stille breitet sich aus. Das Schweigen duckt sich unter die steinalten Bögen, macht einen breiten Buckel und wird nur dann und wann vom rasch unterdrückten Schluchzen eines Kindes gestört.

»Joseph, kommst du nicht runter?« Nein, er möchte oben bleiben. Er fühlt sich im Dachstuhl sicherer als in einem Luftschutzkeller, denn dort kann jederzeit eine Personenkontrolle stattfinden, aus der es kein Entrinnen gäbe. Außerdem will er nicht lebendig begraben werden – tot allerdings auch nicht, und schon gar nicht unter falschem Namen. Wer würde sich für die Leiche von Joseph Vauclair, geboren in Lorient, von Beruf Tischler, zuständig erklären? Wer würde um ihn weinen? Schon öfter hat es Alarm gegeben, und nie ist etwas passiert. Die Bomber überfliegen lediglich in großer Höhe die Stadt und heben ihre unheilvollen Wurfsendungen auf für die von Fabriken gesäumten Ufer des breiten Flusses oder eine Brücke stromaufwärts. Eines Abends, als er einem abgestürzten Piloten half, die Loire zu überqueren, erlebte er dieses geisterhafte Spektakel aus Lärm und Licht mit, er sah den von feuerspuckenden Geysiren zerrissenen Horizont, die goldenen, sich im Wasser spiegelnden, von Leuchtspurgeschossen gezeichneten Strichellinien und, vor dem schwarzen

Schirm der Nacht, die hin und her streichenden Lichtbündel der Suchscheinwerfer, die die Dunkelheit durchkämmten, um einem gleich einem Auge aufleuchtenden Cockpit eine uralte Todesahnung einzubrennen. »Dann bis nachher, Joseph, und paß gut auf dich auf.« Joseph klopft mit der flachen Hand gegen das Gebälk, das sie soeben ausgebessert haben. »Keine Sorge, Monsieur Christophe, das ist solide.«

Die Schritte des Tischlers im Treppenhaus sind kaum verklungen, als in der Ferne ein Grollen wie das Vorspiel eines Gewitters anhebt und immer mehr anschwillt, bis es die Luft ringsumher erfüllt und der Stadt eine von Donnern widerhallende Glocke überstülpt. Es ist ein ohrenbetäubendes, gewaltiges Wummern wie von einer Maschine und treibt den hochgewachsenen jungen Mann dazu, durch eine Luke aufs Dach zu klettern, wo er sich, das Gesicht dem Himmel zugekehrt, auf die Schieferplatten legt, denn er will sie aus nächster Nähe miterleben, die Großtat der Befreier dort oben im blaßblauen Azur, außer Reichweite der Flugabwehr, woran man die Dreistigkeit der Amerikaner erkennt, während die englischen Piloten alle Gefahr auf sich nehmen und beim Abwurf der Bomben einen Sturzflug von vollendeter Eleganz wagen, um die Treffsicherheit zu erhöhen und nicht aus Versehen das falsche Ziel zu erwischen. Die Bomber sind so zahlreich, daß sie die Spätsommersonne verdunkeln wie eine schwarze, durchbrochene, sich fortbewegende Wolke, die dann plötzlich durch eine seltsame Jakobsleiter mit der Erde verbunden ist, deren einzelne Sprossen aberwitzig pfeifend aus offenen Ladeluken herausstürzen und in der Nähe des Rondpoint de Vannes mit gräßlichem Getöse das Erdreich aufreißen, während der Bombenvorhang sich gleichzeitig auf die Place de Bretagne zubewegt, unterwegs schwarze Feuersäulen emporschießen läßt, die über den wie billige Pappkoffer durchlöcherten Hausdächern pilzförmig anschwellen, und nun die Place du Pont-Sauvetout erreicht, die so nahe liegt, daß die Druckwelle den Beobachter auf dem Dach gegen einen Schornstein schleudert, der ihn, obwohl der Aufsatz herunterfällt, davor bewahrt, ins Leere zu stürzen. Benommen und mit halb ausgekugelter Schulter klettert der leichtsinnige junge Mann hastig durch die Luke nach innen, kauert sich ins Treppenhaus und preßt die Hände an die Ohren, denn er hat dem fürchterlichen Krachen nur diese jämmerliche Geste entgegenzusetzen, doch es nützt nichts, daß er die Augen schließt und sich in die Betrachtung des pechschwarzen, mit Sternen gesprenkelten Films vor seinen Lidern versenkt: nach jeder Detonation spürt er am eigenen Leib das Beben des Bodens und der Mauern, aber er klammert sich an die irrwitzige Idee, daß er nicht unter falschem Namen sterben darf, und fragt sich immer wieder, ob er nicht doch den Luftschutzkeller unter dem Café Molière aufsuchen soll, wie der Tischler ihm geraten hat, nur ein paar Schritte vom Katorza entfernt, doch dafür ist es nun zu spät, jetzt pflügt das tödliche Geschwader die Place Graslin um, und die mörderische Saat geht auf die ungläubigen Passanten nieder, die ebenso fassungslos sind wie die Dörfler, die Peterchens wiederholten Warnungen vor dem Wolf schon bald keinen Glauben mehr schenkten, denn bis zu diesem Tag war der Alarm nichts weiter als ein willkommener Vorwand, um das Büro, das Geschäft oder die Fabrik zu verlassen und sich in aller Gemütsruhe zum Luftschutzkeller zu begeben. Jetzt jedoch rennen die Menschen aufgeschreckt in alle Richtungen, tragen kleine Kinder mit von Angst entstellten Gesichtern im Arm und zerren die älteren Geschwister mit sich, die ihrerseits ein Spielzeug hinter sich herziehen oder einen Teddybär umklammern. Sie schlagen auf der Flucht Haken, um einer Bombe oder einem einstürzenden Haus auszuweichen, werden von einer Druckwelle zu Boden gerissen, rappeln sich auf, rennen weiter und verschieben es auf später, sich wegen des blutigen Rinnsals auf ihrer Schläfe Gedanken zu machen. Von allen Seiten hört man Zurufe, Warnungen, sich auf keinen Fall zu trennen, die Namen von Schutzräumen, die von eigens damit beauftragten Männern ausgerufen werden, während eine Explosion die andere ablöst. Tausende von Bomben regnen an diesem Nachmittag auf Nantes herab und werden in ihrer Wirkung verstärkt durch die aus den Löchern in den Gehsteigen austretenden brennenden Gase der sich in Flammenwerfer verwandelnden beschädigten Leitungen, als hätte die Hölle unter der Erde ihre teuflischen Kräfte mit denen des zürnenden Himmels vereint. Die Feuersbrunst des auf fünf Etagen brennenden Apothekerhauses entwickelt eine solche Hitze, daß in einem nahe gelegenen Juweliergeschäft die Silberteller zu einer Soße wie aus Quecksilber schmelzen, Häuserzeilen weisen dort, wo ein Gebäude zu Schutt und Asche zerfallen ist, gähnende Löcher auf, Seitenwände schwanken leicht, bevor sie in sich zusammenstürzen und sich als steinerne Lawinen in die Straßen ergießen, der Stadt einen neuen Grundriß aufzwingen und im Verein mit herausgerissenen Straßenbahngleisen, Stahlträgern, ausgebrannten Autowracks und in ihre Einzelteile zerlegten Möbeln lächerliche Barrikaden gegen den Aufruhr des Himmels errichten. In die Gebäude kann man hineinblicken wie in Puppenhäuser, Betten unter freiem Himmel, gegen Dachgiebel gerollte Kamine, im Sturzflug herabsausende, von Stromkabeln jäh abgefangene Wandleuchter, Tapeten, schamlosen Blicken wie Unterwäsche ausgesetzt, ein auf wundersame Weise heil gebliebener, über der Leere hängender Spiegel – und unter den Trümmern zermalmte, verstümmelte Leiber von Menschen und in den Deichselstangen von Droschken gefangenen Pferden, herzzerreißende Schreie, nach kaum zu erwartender Hilfe verlangend und übertönt von gewaltigem Lärm, während vor dem Katorza in einer Wolke aus Staub und Rauch zutiefst verstört und verängstigt die Zweitälteste der Burgauds steht, die hübsche, zierliche Anne, die an diesem Donnerstag zum erstenmal den Unterricht geschwänzt hat, um mit ihrem Cousin in die Nachmittagsvorstellung um drei Uhr zu gehen, und später erzählen wird, daß sie, wäre Freddy nicht gewesen, an diesem 16. September 1943 ums Leben gekommen wäre, von einer Granate zerfetzt oder von Splittern durchbohrt, und dies im Alter von einundzwanzig Jahren, eine unsägliche Strafe, nur weil sie dem Unterricht in Buchhaltung die schönen, rachsüchtigen Augen Pierre-Richard Wilm vorgezogen hat – oh, Maman, halte dich an deinen Cousin, er ist aus Nantes und kennt die Schutzräume, bleib nicht schreckensstarr inmitten der Sintflut aus Steinen und Feuer auf dem Gehsteig stehen, du mußt weiterleben und genauso bezaubernd bleiben, wie du bist, damit du bald mit dem feinen jungen Mann, der ganz in deiner Nähe sein Leben aufs Spiel setzt, den Bund der Liebe eingehen kannst, dein Blick hat sich doch schon an einem der Sonntage, die er bei euch zu Hause verbracht hat, mit seinem gekreuzt, du hast hinter seinem sanften Lächeln eine Traurigkeit entdeckt, deren Grund du erahnen kannst, du hast mit Freude seinen Worten gelauscht – er ist sehr belesen und kennt sich mit tausenderlei Dingen aus –, und du hast vielleicht bemerkt, daß er seit geraumer Zeit durch ein liebenswürdiges Wort oder eine zuvorkommende Geste deine Aufmerksamkeit auf sich zu lenken sucht, gib doch zu, daß du, wie alle anderen Mädchen übrigens auch, für seinen Charme, seine einnehmende Art, sein freundliches Wesen empfänglich bist, dir sind seine guten Manieren aufgefallen – darauf wird bei euch zu Hause Wert gelegt –, auch seine natürliche Eleganz und die ihm eigene Art, die Zigarette zwischen den vom Nikotin gelblich verfärbten Fingerspitzen zu halten und sich beim Abschied, hochgewachsen, wie er ist, zu verneigen, während er deine Hand drückt, du verschwindest neben ihm geradezu, aber man weiß ja, daß große Männer nicht selten kleine Frauen heiraten, du hast gesehen, wie er mit geschickten Händen die Puppe eines kleinen Mädchens, das mit seiner Mutter nach Riancé geflüchtet war, repariert und dem entzückten Kind das Wunderwerk plastischer Chirurgie mit neuen Augen und wieder angeklebtem Arm zurückgegeben hat, du weißt, daß er sich vor der Zwangsarbeit gedrückt hat und sich auf einem Bauernhof in der Gegend versteckt – wohin er rechtzeitig zu den im Herbst anfallenden Arbeiten für ein paar Tage zurückkehren wird –, aber zieh daraus keine voreiligen Schlüsse, denn er ist trotz allem ein tapferer junger Mann, denn weißt du, welchen Spitznamen er in der Résistance hat? Der harte Jo. Ja, du hast recht gehört, aber damit wird er sich nie brüsten, sondern dies wird später bei Kriegsende in einem vom Befehlshaber der Zelle »Neptune«, dem er eine Zeitlang angehörte, geschriebenen Brief zu lesen sein, aus dem hervorgeht, daß er zahlreiche gefährliche Missionen ausgeführt hat und sein Verhalten und sein Heldenmut stets allergrößtes Lob verdient haben, doch er erträgt es nicht lange, ein und derselben Autoritätsperson unterstellt zu sein, das ist einer seiner Wesenszüge, damit mußt du dich abfinden, und so hat er die Widerstandsgruppen gewechselt wie später die Arbeitgeber, die Geheimorganisation, für die er danach tätig ist, heißt »Vengeance«, Vergeltung – das mag ein wenig großsprecherisch klingen, aber dennoch wird dir der Name einleuchten –, und anschließend meldet er sich freiwillig als Informant beim militärischen Geheimdienst und arbeitet als Verbindungsagent für die von General Patton befehligte Armee, wobei er bei dieser Gelegenheit ein Bravourstück der Liebe vollbringt, indem er den von ihm angeführten amerikanischen Konvoi über Riancé umleitet – um, na, wen wohl, zu küssen? –, und dann ist da noch die berühmte Episode mit dem Motorrad, die Etienne später erzählen wird und die sich zu der Zeit ereignet, als die Alliierten das Hauptaugenmerk auf Paris und die Grenzen im Osten richten und sich nicht weiter um die Restbestände der Wehrmacht kümmern, die von der Basis abgeschnitten sind und sich verbissen in sogenannten »Kesseln« verschanzt haben, von denen der um Saint-Nazaire, der auch Random mit einschließt, zu den gefürchtetsten zählt, in dem sich die deutschen Truppen erst einen Tag nach dem Waffenstillstand ergeben werden, doch das ahnt der hochgewachsene junge Mann nicht, der an der Befreiung des Sektors mitgewirkt hat, mit Vollgas brausen er und Etienne den Seinen entgegen, sein Kamerad sitzt vor ihm auf dem Fahrersitz des Motorrads, dreißig Zentimeter tiefer, die unvermeidliche

Mütze über die Ohren gezogen, und beide sind berauscht vom Fahrtwind und der neu erlangten Freiheit, die sie auf ihre Art feiern, indem sie in den Dörfern auf die Hupe drücken und grundlos Slalom fahren, bis ihnen am Fuß der Anhöhe von Random eine Straßensperre der Deutschen den Weg blokkiert, woraufhin Joseph prompt seine beiden Pistolen zückt, mit jeder Hand eine, um sich den Weg notfalls freizuschießen, doch Etienne brüllt: »Joseph, du bist verrückt«, er will es mit einer List versuchen, bremst ab, als leiste er dem Befehl der Deutschen Folge, doch sobald er sich mit den Soldaten auf einer Höhe befindet, gibt er plötzlich Vollgas, Kugeln zischen ihnen um die Ohren, während sie sich über das Motorrad ducken und von der Straße abbiegen, einen steilen Feldweg hinauffahren und das Motorrad, das Etienne am nächsten Tag in aller Unschuld als gestohlen melden wird, in einem Sumpf versenken. Er ist noch einmal davongekommen, unser tapferer, hochgewachsener junger Mann, du hast also allen Grund, gut auf dich aufzupassen, deinetwegen, seinetwegen und unseretwegen, du darfst nicht verschwinden, bevor auch von uns ein bißchen die Rede war, von uns, die wir nicht wichtig genug sind, als daß andere sich mit uns beschäftigen, von uns, die wir demütig und arbeitsam sind. Stell dir vor, du wärst an jenem unheilvollen Tag umgekommen, was wäre dann aus uns geworden? Wer hätte uns dem Licht der Welt entgegengetragen? Hätten wir armen kleinen Dinger, die wir damals noch weniger als nichts waren, im Vorzimmer der vom Leben Verstoßenen zurückbleiben müssen? Hab Vertrauen, wir werden es schaffen, Freddy ist unsere einzige Chance, als leibhaftige Frucht deines Leibes der Namenlosigkeit zu entgehen, Freddy, dem eine tragische Fügung in Dresden dasselbe verhängnisvolle Los wie den anderen zweihundertfünfzigtausend Opfern jenes konventionellen Vorspiels zu Hiroshima bescheren wird, also beeil dich, bring dich in Sicherheit, oder muß man dir erst das Foto eurer bevorstehenden Verlobung beschreiben? Gemeinsam geht ihr eine schmale Landstraße entlang, du wirkst trotz der hohen Absätze deiner Schuhe verschwindend klein an seinem Arm, siehst hinreißend aus in dem eleganten Kostüm mit dem schwarzen Samtkragen und mit deinem kunstvoll frisierten Haar, die Sonne in eurem Rücken zieht euren Zwillingsschatten in die Länge. Wie kann man angesichts dieser überzeugenden Darbietung eurer Anmut und Jugendlichkeit noch Zweifel haben? Ihr werdet ganz bestimmt glücklich sein, ihr werdet zehntausend Jahre leben, euer gemeinsamer Weg wird mit Rosenblüten bestreut sein, also bleib nicht aus lauter Angst wie zu Stein erstarrt auf dem mörderischen Gehsteig stehen, neben dir sinkt eine Frau zu Boden, aus ihrem aufgerissenen Bauch quillt das Gedärm, aber das ist unsere Chance, denn durch deinen Schrei wird dein hilfsbereiter Cousin auf dich aufmerksam, endlich entdeckt er dich in der Rauchwolke, faßt dich an der

Hand, rennt los und zieht dich hinter sich her zu den Kellern unter dem Café Molière, während im selben Augenblick im verwüsteten Kino die brennende Leinwand ihre letzten Funken versprüht – uff, wir sind gerettet.

»Ein Buch wie ein kleines Wunder«
Neue Zürcher Zeitung

Jean Rouaud
Die Felder der Ehre
Roman
Aus dem Französischen von
Carina von Enzenberg und Hartmut Zahn.
217 Seiten. 2016

Jean Rouaud erzählt in seinem mit dem Prix Goncourt ausgezeichneten Debütroman auf sehr persönliche Weise wichtige Stationen unseres Jahrhunderts nach, indem er sich an die Geschichte seiner eigenen Familie erinnert. Eine Saga also, die drei Generationen umspannt, ohne sich jedoch den Regeln der Chronologie zu unterwerfen.
Anlaß zum Öffnen dieses Familienalbums geben drei Todesfälle, die sich alle im selben Winter ereignen und um die sich die Geschichte zentriert: der Großvater, ständig von einer Wolke dichten Tabakqualms umgeben, der mit seinem zerbeulten 2CV die Gegend unsicher macht; die bigotte Tante Marie, die jeweils den Heiligen des Tages auf ihrer Seite hat und die für ihren im Großen Krieg gefallenen Bruder Joseph, den sie so liebte, ihre Weiblichkeit hingab; schließlich der Vater des Erzählers, dessen früher Tod die so subtil humorvolle und skurrile Chronik überschattet und ihr unausgesprochene Tragik verleiht.

»Es ist ein ganz eigener, in der heutigen Literatur unerhörter Ton aus Zärtlichkeit und Menschlichkeit, mit dem Jean Rouaud seine Figuren vor dem Vergessen schützt.«
Süddeutsche Zeitung

11/95